La vie est plus que du miel

Catalogage avant publication de Bibliothèque et Archives nationales du Québec et Bibliothèque et Archives Canada

Penberthy, John
La vie est plus que du miel
Traduction de : To bee or not to bee.
ISBN 978-2-89436-345-4
1. Vie - Philosophie. I. Titre.
BD431.P4614 2012 128 C2012-940533-7

Nous reconnaissons l'aide financière du gouvernement du Canada par l'entremise du Fonds du livre du Canada (FLC) pour nos activités d'édition.

Nous remercions la Société de développement des entreprises culturelles du Québec (SODEC) pour son appui à notre programme de publication.

Traduction : Alain Williamson
Illustrations par : Laurie Barrows
Infographie de la couverture et mise en pages : Marjorie Patry
Révision linguistique : Amélie Lapierre
Correction d'épreuves : Michèle Blais

Éditeur : Les Éditions Le Dauphin Blanc inc.
Complexe Lebourgneuf, bureau 125
825, boulevard Lebourgneuf
Québec (Québec) G2J 0B9 CANADA
Tél. : 418 845-4045 Téléc. : 418 845-1933
Courriel : info@dauphinblanc.com
Site Web : www.dauphinblanc.com

ISBN : 978-2-89436-345-4

Dépôt légal : 2e trimestre 2012
Bibliothèque nationale du Québec
Bibliothèque nationale du Canada

Imprimé au Canada

John Penberthy

Illustré par
Laurie Barrows

La vie est plus que du miel

Traduit de l'anglais
par Alain Williamson

Le Dauphin Blanc

Avant-propos

Mon lien avec les abeilles date de fort longtemps. À un an, alors que j'étais confortablement assis dans ma chaise haute, sur la terrasse protégée par des moustiquaires, je ressentis soudainement une douleur aiguë à mon avant-bras droit. Elle me sortit brutalement de mes rêveries innocentes d'enfant. Il s'agissait de la plus traumatisante expérience de ma jeune vie (mis à part ma naissance !). J'éclatai alors en sanglots et en hurlements qui alertèrent ma mère. Immédiatement, elle tua l'abeille, mais le dard poilu de cette dernière resta planté dans mon bras. Elle le retira avec précaution, tamponna la piqûre d'une lotion désinfectante et consola mes émotions.

La douleur finit par disparaître, mais les dix minutes que dura cette expérience me catapultèrent au royaume de l'éveil de conscience et formèrent mon premier souvenir. Étrange comme la douleur – physique ou émotionnelle – peut retenir notre attention, peu importe notre âge.

Qui aurait pu dire que cet événement serait porteur d'un succès ?

Au cours des quarante années suivantes, je n'ai vécu aucun moment extraordinaire avec les abeilles, à part d'occasionnelles piqûres, l'observation de ruches ou un cours de biologie au collège.

Puis, un matin, durant ma méditation, une histoire sur les abeilles se pointa dans mon esprit. Une autre *apoidea* m'avait propulsé dans les recoins de ma conscience. Cette fois, la situation était plus agréable. Je ne suis pas le genre de personne à recevoir des inspirations mystiques, mais l'abeille Bizz se manifestait dans mes pensées en disant : « L'histoire que tu as reçue doit devenir un livre. Écris ! » Reçue ? *Téléchargée* aurait été un mot plus juste. L'histoire complète s'est déroulée dans ma tête en une fraction de seconde !

Joliment illustré, plein d'esprit et parsemé d'humour et d'aphorismes parfois provocants, le livre *La vie est plus que du miel* raconte une quête, celle de Bizz, l'abeille, pour connaître Dieu et le sens de la vie. Au final, c'est elle-même qu'elle trouve.

Avec l'aide d'une nouvelle amie, Bizz vivra une aventure qui l'obligera à affronter quelques-unes des plus importantes leçons de vie. Sans vraiment se sentir prête, Bizz devra leur faire face une à une, parfois avec retenue, parfois dans une ruade. À travers ses péripéties, elle découvrira qu'elle est en train de s'épanouir et d'acquérir une profonde sagesse. Elle comprendra finalement que tout se déroule comme il se doit. Presque contre son gré, Bizz développera l'acceptation et l'appréciation de sa vie au sein de sa colonie d'abeilles.

Cette histoire vous semble-t-elle familière ? Peut-être est-ce un peu la vôtre aussi !

Je souhaite que vous appréciiez *La vie est plus que du miel* autant que j'ai aimé l'écrire.

John Penberthy

Chapitre 1

Bizz adorait ce genre de journée, chaude sous les rayons du soleil et fraîche à l'ombre des arbres et des bosquets. Le sol était encore trempé de l'orage de l'après-midi et le trèfle en était divinement succulent. Des pissenlits jaunes coloraient la prairie verdoyante à perte de vue et, ici et là, quelques coquelicots orangés célébraient la diversité. L'arc-en-ciel de la prairie faisait contraste avec le bleu intense du ciel. Ce spectacle ravissait Bizz, plus que les mots ne sauraient l'expliquer.

Un bourdonnement incessant emplissait l'air. Les abeilles parcouraient la prairie à la recherche de la floraison parfaite. Elles s'engouffraient dans les fleurs pour y récolter le nectar et le pollen puis retournaient à la ruche chargées de leur nourrissant butin. Bizz pensa que, à première vue, toutes ces activités avaient des allures de travail en usine.

Au milieu de tout ce bourdonnement, l'esprit de Bizz glissa dans un endroit secret. Elle était perdue, semblait-il, dans un autre univers qu'elle prenait plaisir à explorer. La scène de vie qui se déroulait dans la prairie disparaissait graduellement de la conscience de Bizz, même si elle gardait les yeux ouverts. *Pourquoi les choses existent-elles ? D'où viennent-elles ? Pourquoi sont-elles en ce monde ? Quel est leur but ? Qui suis-je vraiment ?*

Une abeille ouvrière la ramena froidement à son devoir : « Au travail, Bizz ! Nous avons du boulot devant nous. »

Embarrassée, Bizz s'envola et atterrit sur un pissenlit tout près. Instinctivement, elle commença à y puiser le nectar. Son esprit vagabonda de nouveau. *Et ça recommence. À quoi bon toujours courir ainsi ? Nous vivons dans une vallée splendide et luxuriante, mais personne ne semble s'intéresser à autre chose qu'au travail afin de faire prospérer la colonie.*

Selon Bizz, la colonie comptait déjà tant d'abeilles qu'il était impossible d'en relever le nombre. Bizz ne comprenait pas pourquoi il était si important de poursuivre l'expansion de la colonie.

Lorsqu'il n'y eut plus de nectar à tirer du pissenlit, Bizz alla à une autre fleur et recommença à extraire le pollen. Lentement, elle le retira de l'étamine, le façonna en une petite boule jaune qu'elle attacha prudemment aux poils drus de sa patte arrière droite. Lorsqu'elle eut la certitude que la boule de pollen était bien fixée, Bizz forma avec minutie une autre boule de pollen qu'elle attacha cette fois à sa patte arrière gauche. Puis, elle s'envola vers la ruche en déployant des efforts supplémentaires pour compenser sa surcharge de pollen.

Bizz atterrit à l'entrée de la ruche et se fraya un chemin à travers les alvéoles. Comme toujours, les voies de circulation dans la ruche étaient encombrées par une multitude d'abeilles se déplaçant dans tous les sens et se heurtant constamment. Il faut dire que la pénombre, la chaleur et l'humidité n'arrangeaient rien. Que chaque abeille puisse se rendre quelque part dans la ruche, ça tenait du miracle.

Il doit sûrement exister une meilleure façon de faire les choses, pensa Bizz tout en se frayant un chemin dans la foule.

De toute évidence, elle n'avançait pas assez rapidement, car elle entendit un commentaire venant d'une des abeilles derrière elle : « Dépêche-toi, Bizz. Tu nous retardes toutes. »

Dans son empressement à atteindre une alvéole, Bizz heurta une autre abeille et répandit tout son pollen.

« Si tu ne peux pas faire un boulot correctement, ne le fais donc pas », grogna une voix dans la foule.

Gênée, Bizz ramassa le pollen dispersé et se dépêcha de rejoindre l'alvéole. Elle régurgita son pollen dans la cellule de miel tandis que les autres ouvrières retiraient les boules de pollen de leurs pattes et les déposaient dans des alvéoles, les tapotant doucement vers le fond. Pas une seconde n'était perdue.

Bizz sentait toujours une nervosité dans la ruche, mais pour une raison qu'elle ignorait, la tension était particulièrement intolé-

rable aujourd'hui. Elle était impatiente de quitter la ruche et elle voulut se dépêcher de rejoindre la sortie, mais c'était sans compter la confusion qui y régnait. Cela lui sembla une éternité avant qu'elle n'entrevoie un rayon de lumière du jour transpercer la pénombre.

Bizz s'envola et se posa sur la petite branche d'un tremble, afin de retrouver son calme. Qu'est-ce qui n'allait pas avec elle ? Pourquoi n'arrivait-elle pas à se satisfaire de sa vie d'ouvrière, comme toutes les autres abeilles ? Pourquoi était-elle la seule à comprendre qu'il y avait plus dans la vie que simplement bâtir la ruche et élever la progéniture ?

Bizz savait qu'elle était une aussi bonne ouvrière que n'importe laquelle de ses consœurs. Mais, aujourd'hui, quelque chose la troublait et nuisait à sa performance. Elle avait déjà gagné une réputation d'excentrique avec toutes ses étranges questions. Maintenant, on commençait à la considérer comme une paresseuse et une incompétente.

Elle contempla la prairie, la vallée et les montagnes au loin. Bien sûr, Bizz savait que c'était la seule prairie de toute la vallée, et elle était plutôt petite. Elle n'ignorait pas que la colonie dépendait totalement du trèfle et des fleurs qui y poussaient. Elle comprenait que les abeilles étaient en perpétuelle compétition avec les bourdons, les colibris et les papillons pour les ressources limitées de la prairie.

Si elle n'avait pas entendu la reine le répéter au moins des milliers de fois, elle ne l'avait pas entendu une fois : « Ouvrières, nous ne pouvons compter que sur les ressources d'une seule petite prairie pour notre survie. Alors, fournissez un effort supplémentaire aujourd'hui et remplissez ces alvéoles. »

Cela dit, aussitôt qu'une alvéole était remplie, il fallait commencer à en remplir une autre. C'était un travail sans fin.

Même si l'incessant tourbillon d'activités l'épuisait, ce qui troublait Bizz encore davantage était un subtil sentiment de peur qu'elle ressentait au sein de sa colonie. Ce sentiment, même s'il était tu dans la ruche, agissait fortement sur l'ensemble des ouvrières et semblait dérober leur vie. Malgré l'abondance que prodiguait la vallée, les abeilles vivaient comme si une famine était imminente. Quelque chose en Bizz la portait à croire qu'il n'y avait pas lieu de s'inquiéter, que sa colonie aurait toujours tout ce qu'il lui fallait pour vivre, tout comme pour les fourmis et les chenilles. Pourquoi ses consœurs ne ralentissaient-elles pas leur rythme ? Pourquoi ne diminuaient-elles pas le nombre de bouches à nourrir, permettant ainsi à chacune des abeilles de relaxer un peu plus et d'apprécier la vie ?

Puis, pourquoi les abeilles prétendaient-elles être continuellement heureuses et de bonne humeur ? Même si elle se sentait parfois heureuse, Bizz reconnaissait qu'elle traversait de temps à autre des périodes de tristesse et de déprime. La tension au sein de la colonie faisait dire à Bizz qu'elle n'était pas la seule à vivre des sentiments partagés. Cependant, personne ne parlait de ce sujet ; c'était inacceptable de le faire. Bizz n'en discutait donc jamais elle non plus. Ainsi, elle ne se sentait pas authentique et cela ajoutait à sa solitude et à sa mélancolie.

Bizz admirait les sommets en dents de scie des montages ceinturant la vallée. Là-bas, comment était-ce ? Et qu'y avait-il au-delà ? Une rumeur prétendait que les terres derrière les montagnes étaient inhospitalières pour les abeilles. Certaines abeilles prétendaient même que ces terres comptaient des glaciers à perte de vue. D'autres affirmaient qu'un désert aride se trouvait de l'autre côté des montagnes. D'autres encore parlaient d'un vaste océan au pied des montagnes. Une seule chose était sûre : aucune abeille n'avait osé s'y aventurer. Les abeilles ne faisaient tout simplement pas de telles explorations. Bizz elle-même avait déjà volé assez loin dans la vallée pour savoir que dès qu'elle se rendait au-dessus de la ligne des arbres, elle était à la merci des vents froids et forts qui semblaient toujours souffler. Elle ne pouvait pour autant s'empêcher de rêver à ces terres inconnues.

Un faux bourdon passa à toute allure devant elle : « Bizz, remue-toi le derrière un peu ! »

Bizz avait l'impression que chaque fois qu'elle s'accordait du bon temps, quelqu'un venait tout gâcher. Bizz se dirigea vers la prairie, récolta de nouveau du pollen et retourna à la ruche. Son sens des responsabilités lui dictait de participer aux travaux de la colonie, et elle se sentait un peu coupable de son comportement de la

journée. Après tout, elle était une ouvrière, et les ouvrières sont faites pour travailler – construire la ruche, nourrir les larves, nettoyer la ruche, récolter le pollen, emmagasiner le miel et le pollen, défendre la ruche en cas d'attaque. D'ailleurs, cette dernière tâche répugnait particulièrement Bizz qui souhaitait ne jamais être appelée à combattre.

Le reste de l'après-midi, Bizz s'efforça d'exécuter les tâches qu'on attendait d'elle et essaya de ne pas penser à toutes les questions qui envahissaient son esprit curieux. Après tout, elle n'était qu'une abeille. Elle n'allait tout de même pas régler les problèmes du monde entier. Elle vivait dans une société industrielle au sein de laquelle chacune des abeilles devait jouer son rôle. Elle ne voulait pas devenir une exclue, déjà que quelques abeilles l'évitaient. Dorénavant, elle ferait preuve d'autodiscipline et elle s'appliquerait à bien remplir sa fonction. Elle y arriverait, comme les autres abeilles qui ne se plaignent jamais.

Chapitre 2

Bizz passa les jours suivants à travailler plus fort que jamais. Plus personne ne pourrait l'accuser d'être paresseuse. Elle faisait un aller-retour et un autre. Elle volait de la ruche au champ de trèfle en rapportant chaque fois une lourde cargaison de pollen. Elle souhaitait que le travail puisse lui changer les idées. Les aînées de la ruche disaient toujours : « L'esprit oisif est l'atelier du diable. » Bizz commençait à le croire. Tout ce que ses réflexions lui avaient apporté, c'était des ennuis. Elle s'obligea à se répéter qu'elle voulait entrer dans le moule et s'y fondre.

À certains moments, Bizz réussissait presque à croire qu'elle y arriverait. Elle parvenait à compléter deux ou trois voyages de récolte sans penser à autre chose qu'aux tâches à effectuer. Une sorte de torpeur accompagnait ce travail machinal. Bizz tenta de se convaincre que c'était bien ainsi.

La vérité, c'était que, la plupart du temps, elle continuait à réfléchir, à s'interroger et à être curieuse. Elle n'y pouvait rien. Butiner était une activité instinctive qui ne requérait que très peu d'attention de sa part. Elle pouvait travailler et s'interroger en même temps, et ça commençait à la rendre folle.

Un matin, avant d'amorcer les activités routinières de la journée, plusieurs abeilles regroupées sur une petite branche près de la ruche observaient des fourmis s'affairer autour de leur fourmilière. Quelques fourmis transportaient une mouche morte vers leur nid, d'autres creusaient des tunnels, mais la plupart d'entre elles semblaient aller et venir dans tous les sens sans but précis.

« Regardez ces fourmis sans cervelle, se moqua une abeille.

– Ouais, tout ce qu'elles font, c'est courir en rond toute la journée, ajouta une autre. Leur seule préoccupation est de bâtir un nid toujours plus gros et d'engendrer encore plus de fourmis. Elles sont semblables à des machines. Elles n'ont aucune conscience d'elles-mêmes ou de la vie. Elles semblent tellement inutiles. »

Bizz n'en croyait pas ses oreilles. Ses consœurs avaient les mêmes réflexions sur les fourmis qu'elle-même avait au sujet de sa propre colonie ! Elle ne put se contenir : « Qu'est-ce qui nous différencie des fourmis ?

– Ce qui nous différencie ? rétorqua la première abeille. Tout, bon sang ! Pour commencer, nous sommes plus grandes.

– La taille ne veut rien dire, répondit Bizz. C'est tellement relatif.

– Peut-être bien, mais elles sont toutes semblables. Tu ne peux pas en différencier une d'une autre. En plus, nous, nous pouvons voler, ajouta la seconde abeille.

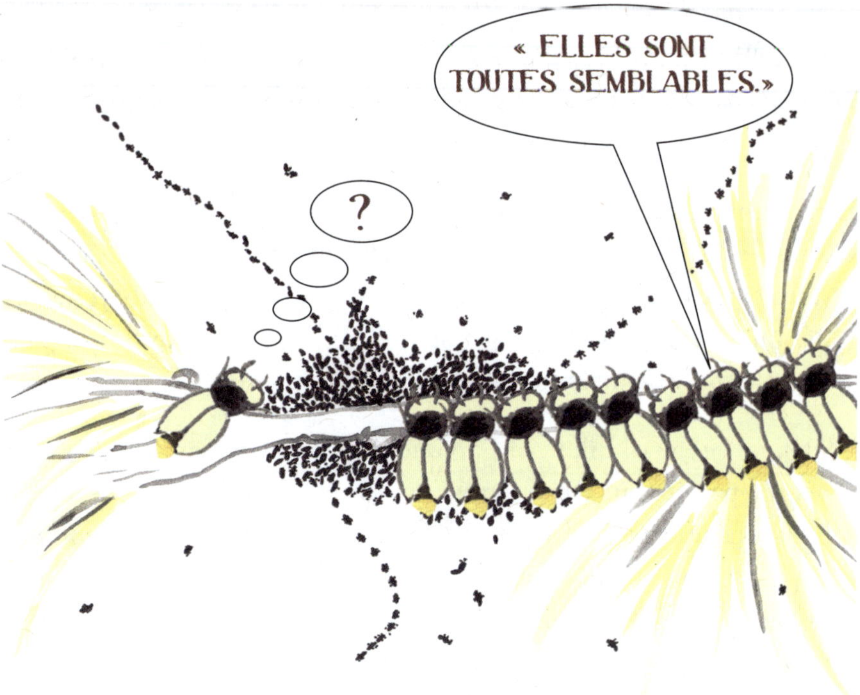

– D'accord, mais ne sommes-nous pas toutes des créatures vivantes faisant l'expérience de la vie chacune à sa façon ? protesta Bizz.

– Tu n'y es pas du tout, Bizz, intervint une troisième abeille sur un ton d'impatience. Les abeilles sont spéciales. Nous représentons une forme de vie beaucoup plus évoluée que les fourmis. Regarde la complexité de notre ruche, la subtilité de notre structure sociale, nos fabuleuses capacités de reproduction, notre système pour conserver le miel. Les fourmis ne savent pas faire le miel. Elles ne se comparent d'aucune façon à nous.

– Je suis prête à parier que les fourmis savent des choses que nous ignorons, lança Bizz sans hésiter. Aucune d'entre nous n'a vu l'intérieur d'un nid de fourmis. De plus, elles semblent se débrouiller plutôt bien pour se nourrir et se reproduire. En fait, je ne serais pas du tout surprise que leur colonie soit plus imposante que la nôtre. »

Bizz comprit qu'elle s'était placée dans une position inconfortable. Certaines abeilles étaient parties, mais la plupart d'entre elles étaient restées, maugréant, échangeant des regards désapprobateurs et espérant que les *leaders* du groupe allaient régler la question une fois pour toutes. Finalement, une voix autoritaire s'imposa.

« Silence ! Silence ! Silence ! La vraie différence entre les fourmis et nous n'a pas encore été discutée ici. En fait, ces fourmis ne représentent qu'une toute petite partie de la colonie. Elles n'ont pas d'autres visions d'elles-mêmes. Nous, nous sommes des individus conscients de nous-mêmes et de notre entourage. Nous avons le libre choix de faire tout ce qui nous plaît. »

Bizz en avait déjà entendu plus qu'elle ne pouvait en supporter. « Libre choix ? rétorqua-t-elle. Comment peux-tu dire que nous avons le libre choix alors que tout ce que nous faisons, jour après jour, c'est bâtir le nid, butiner et veiller sur la marmaille ?

– Ma jeune amie, nous sommes libres de choisir sur quelle partie du nid nous voulons travailler, quelles fleurs nous allons butiner, le chemin pour nous y rendre et pour revenir à la ruche et quelles larves nous allons nourrir. Quelle autre liberté une abeille voudrait-elle avoir ? »

Une foule d'abeilles s'étaient maintenant rassemblées, maugréant en chœur.

Bizz voyait bien qu'elle n'aurait jamais raison. Elle aurait pu aussi bien argumenter avec le ciel que ça aurait été du pareil au même. La bonne volonté qu'elle avait démontrée au cours des derniers jours s'effritait maintenant. Après avoir réalisé que c'était peine perdue, Bizz secoua la tête et, sans dire un mot, elle s'envola vers les profondeurs de la forêt. Les abeilles restées sur place partageaient la même opinion : la vérité avait été défendue avec brio.

Bizz vola sans but précis à travers la forêt, complètement découragée. Une fois de plus, sans qu'elle le veuille, elle semblait avoir fait une folle d'elle-même, devenant du coup un peu plus isolée du reste de la colonie.

Qu'est-ce qui ne va pas avec moi ? Pourquoi suis-je incapable de me mouler à la colonie ?

Elle atterrit sur le sable, en bordure d'un ruisseau. L'esprit absent, elle fixait l'eau qui tanguait entre les pierres.

Après quelques minutes, Bizz remarqua une autre présence. Elle leva la tête et scruta les environs. Une vieille abeille, arborant une seule antenne – un peu toute croche d'ailleurs – était assise, les yeux fermés. Elle était parfaitement immobile. Au même instant, la vieille abeille ouvrit les yeux, sourit et salua Bizz d'un signe de la tête. Bizz lui rendit la politesse.

« Ne les laisse pas t'abattre, mon amie », dit la vieille abeille avec compassion.

Bizz était plutôt confuse. De toute évidence, cette abeille était déjà là quand Bizz arriva. Comment pouvait-elle savoir ce qui s'était passé dans la prairie auparavant ?

« Me laisser abattre par qui ? demanda Bizz en feignant l'ignorance.

– Par les autres, répondit l'autre avec désinvolture. Chaque abeille de la colonie sait qui tu es maintenant. »

Bizz grimaça.

L'aînée décolla puis atterrit près de Bizz. « Je suis Bertha, dit-elle.

– Heureuse de te rencontrer, répondit Bizz sur un ton de déprime. Je m'appelle Bizz. » Elle examina la vieille abeille à l'apparence inhabituelle. « Que fais-tu ici ? demanda Bizz.

– Eh bien, je viens ici chaque jour pour être en contact.

– En contact avec quoi ?

– Avec moi-même, répondit Bertha. C'est plutôt facile de perdre de vue qui nous sommes dans la prairie. »

Bertha venait de capter l'attention de Bizz. Elle n'avait jamais entendu ce genre de discours jusqu'ici.

« Pourquoi avais-tu les yeux fermés ? demande Bizz.

– Ça m'aide à m'éloigner des distractions.

– Hum ! » fit Bizz pensivement. Quelque chose lui disait qu'elle pouvait s'ouvrir avec confiance à Bertha. Elle sentit ses défenses faiblir.

Bertha sourit à Bizz. « Je t'ai observée, Bizz. Tu me fais penser à moi lorsque j'étais jeune. Tu es différente des autres. Tu dois l'accepter si tu veux devenir celle que tu es censée être. Je sais qu'être différente peut parfois apporter son lot de difficultés, mais tu peux aussi y puiser une incroyable richesse. »

Bizz se sentait réconfortée de savoir qu'elle n'était pas la seule abeille de la colonie à avoir d'étranges inclinaisons. Cependant, elle ne voyait pas tellement d'espoir dans le conseil de Bertha. Puis, Bizz dit : « Chaque fois que j'ouvre la bouche, j'ai l'impression de me mettre dans l'embarras. Si je dis ce que je pense, je suis rejetée. Si je me tais, je me sens misérable.

– Tu dois trouver le juste milieu, ma fille, répondit Bertha. Tu vois, tu es une ouvrière et, par conséquent, tu dois t'acquitter de ton lot de tâches si tu veux vivre dans la colonie. Toutefois, ça ne veut pas dire que tu ne peux pas être qui tu es. Ce n'est pas le travail qui t'empêche d'être épanouie, c'est ton attitude. Tu penses que le travail est dissocié de ta vie personnelle, qu'il est l'unique pôle de la vie. Je t'ai observée. Je sais que tu peux travailler et penser en même temps. Tu peux à la fois accomplir ton boulot et apprécier la beauté de la vallée. De plus, je suis persuadée que tu peux intégrer la relaxation et l'exploration dans ta routine de tous les jours. Tout est un état d'esprit. Sois dans ce monde, mais n'en fais pas partie.

– Mais toutes ces autres abeilles qui perdent leur vie à travailler, à travailler et encore à travailler, jour après jour, jusqu'à en mourir…

– Ne sois pas aussi inquiète pour les autres abeilles, Bizz. Elles font ce qui leur semble juste, tout comme toi. Essaie d'être plus compréhensive. Le pouvoir de l'esprit réside dans la capacité de percevoir les différences. Le pouvoir du cœur réside dans l'art de déceler les similitudes. Quel pouvoir utilises-tu ?

– Je vois seulement ce que je peux voir, résista Bizz.

– Ah ! et autre chose. Ne te préoccupe pas trop de ce que les autres pensent de toi, conseilla Bertha. Elles ont différentes priorités. Si tu passes ta vie à essayer de les satisfaire, tu seras misérable. Fais ce que tu dois faire et laisse ta vie, et non tes mots, les influencer. La vie est un voyage du *je* vers le *nous*. »

L'attitude douce et calme de Bertha impressionna profondément Bizz. Déjà, elle commençait à se sentir mieux. Après tout, il y avait peut-être de l'espoir.

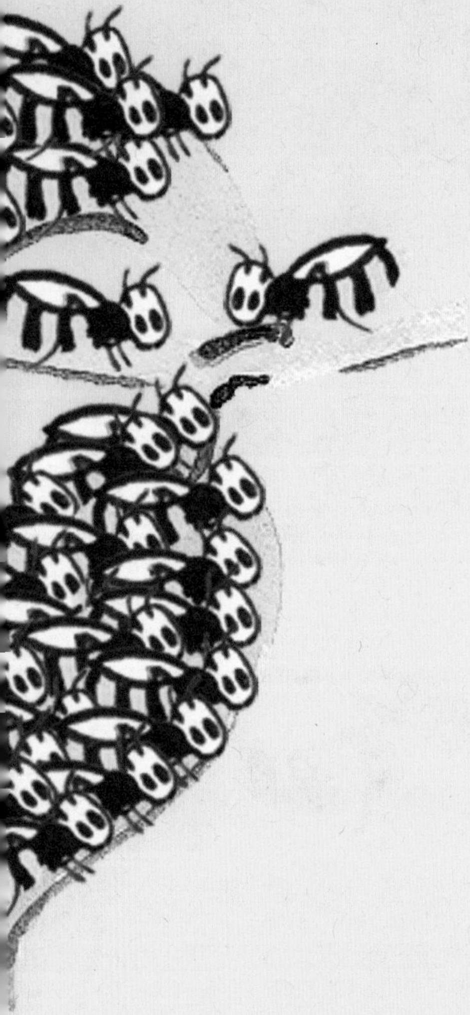

Chapitre 3

Le matin suivant, avant de se rendre dans la prairie, Bizz survola un groupe d'abeilles réunies pour leurs dévotions matinales. Bizz n'avait jamais été attirée par la religion, mais pour une raison quelconque, ce matin-là, elle fut attirée par le groupe. Elle se posa tout près et écouta.

Le *leader* spirituel terminait la récitation d'une prière : « … et, finalement, Seigneur, nous te demandons d'éclairer toutes les abeilles qui n'ont pas encore accepté ta parole afin qu'elles puissent, elles aussi, être sauvées. Amen. »

Sauvées ? Pensa Bizz. *Peut-être qu'ici, je trouverai la réponse à mes questions !* Elle se mêla à la foule et prêta attention aux conversations, en essayant de ne pas attirer l'attention sur elle. Elle entendit une remarque de la part d'une des abeilles : « Il en est ainsi. L'amour du miel est la source de tous les maux. »

Bizz trouva la remarque quelque peu étrange, d'autant plus qu'elle avait été prononcée par l'une des abeilles les plus gourmandes de la colonie.

SAUVÉES ?

Le *leader* spirituel, un faux bourdon appelé Bobby, épiait le comportement de Bizz depuis quelque temps. Il comprenait très bien ce que Bizz traversait. Il avait assisté tellement de fois d'autres abeilles avant elle. Il ressentait de la compassion pour la jeune abeille confuse. Certain d'avoir la solution parfaite aux problèmes de Bizz, Bobby devint fébrile à l'idée de sauver une autre âme. Il s'avança lentement vers Bizz à travers la foule de dévots. Sur un ton sincère, il lui demanda : « Qu'est-ce qui t'amène ici, ma fille ?

– Je ne sais pas exactement, répondit Bizz avec hésitation.

– Peu importe, nous te souhaitons la bienvenue. Tu es à la bonne place. Je sais que tu t'es sentie un peu perdue ces derniers temps. Mais, je te le dis, si tu remets ta vie au Seigneur, toi aussi, tu seras sauvée.

– Sauvée de quoi ? demanda Bizz.

– De l'enfer, de la damnation éternelle lorsque tu mourras.

– Pourquoi irais-je en enfer ?

– Parce que tu es une pécheresse, comme nous. Si tu ne vis pas dans la piété et si tu ne demandes pas pardon à l'Être suprême, tu n'as aucune chance d'aller au paradis. »

La notion d'être une pécheresse était nouvelle pour Bizz. Elle s'était toujours considérée comme une abeille ayant de bonnes valeurs et un bon sens de la moralité. Peut-être n'était-elle pas parfaite, mais jamais elle n'avait voulu blesser quelqu'un intentionnellement. Peut-être que l'Être suprême avait un autre point de vue. Bobby semblait être au courant. Bizz voulut en savoir plus sur les conséquences du fait d'être une pécheresse.

« À quoi ressemble l'enfer ? » demanda-t-elle.

Plissant les yeux, Bobby adopta une expression austère et répondit sur un ton menaçant : « L'enfer est le monde de Belzébuth, le diable. C'est semblable à un éternel feu de forêt, sans issue et sans répit. Même si la souffrance et la douleur sont insupportables, tu ne meurs jamais. Tu ne fais que souffrir avec toutes les autres abeilles damnées, pleurant et gémissant dans une agonie sans fin. »

Selon Bizz, quelque chose clochait dans tout ça, mais elle voulut en savoir plus.

« Et à quoi ressemble le paradis ? »

Bobby se détendit instantanément. Son visage revêtit une expression de contemplation alors qu'il levait les yeux vers le ciel.

« Le paradis est le monde de l'Être suprême. C'est une prairie infinie et luxuriante où poussent une multitude de fleurs sauvages délicieuses. Au paradis, plus besoin de travailler. Plus de discorde non plus. Il n'y a pas d'ours, et la température est toujours parfaite. Les besoins de toutes les abeilles y sont comblés et le bonheur est le lot de chacune d'elles. »

À vrai dire, ça semblait un peu ennuyeux comme endroit pour Bizz.

« Est-ce que les fourmis peuvent aller au paradis ? demanda-t-elle encore.

– Non, seulement les abeilles, répondit Bobby avec autorité.

– Nous pouvons nous y rendre qu'après notre mort ?

– Exact, si tu as été une bonne abeille et si tu as cru en l'Être suprême.

– Et à propos de cette vie, celle que nous vivons actuellement ?

– Cette vie n'est qu'une préparation, une sorte de test pour gagner le paradis. »

Aux oreilles de Bizz, le discours de Bobby devenait plutôt farfelu. Si Bizz devait croire à ce discours, elle voudrait d'abord en retirer quelques bénéfices dans la présente vie, et non pas seulement avoir la chance d'être récompensée dans une vie après la mort, si une telle vie existait, d'ailleurs.

« À quoi ressemble l'Être suprême ? osa encore demander Bizz.

– L'Être suprême est un esprit omniprésent et tout-puissant. Il nous a créés à son image, ce qui signifie qu'il pense et agit comme une abeille. C'est ainsi que nous connaissons ses volontés. Il nous aime et nous surveille. »

Bizz écouta Bobby attentivement. « Si Dieu est partout et tout-puissant, alors où est le diable ? »

Bobby se sentit un peu frustré par la logique simple de Bizz, mais s'efforça de ne pas être condescendant.

« Le diable est astucieux. Il essaie continuellement de nous tenter par le mal, et lorsque nous succombons, il s'insinue en nous.

– Donc, le diable existe vraiment dans notre esprit…

– Non ! répondit Bobby d'un ton cassant. Le diable est un être spirituellement démoniaque qui n'existe qu'en enfer.

– Alors, Dieu existe partout sauf où est le diable ? conclut Bizz innocemment.

– Je suppose que tu peux le dire ainsi, répondit Bobby, de plus en plus incertain et exaspéré.

– Ça voudrait dire que Dieu n'est pas vraiment partout et tout-puissant. »

Bobby s'impatientait, mais se força néanmoins à sourire et à répondre gentiment.

« Bizz, notre religion ne peut pas être comprise par l'intellect. Tu dois simplement l'accepter avec foi. »

Bizz réfléchit silencieusement quelques instants, essayant de trouver un sens à tout cela. Cela dit, elle n'arrivait pas bêtement à croire quelque chose d'illogique. Elle se demandait pourquoi Dieu nous aurait donné la raison et la logique s'il ne voulait pas nous voir l'utiliser.

« Comment sais-tu tout cela ? demanda enfin Bizz à Bobby.

– Le savoir s'est transmis au travers de centaines de générations », répondit Bobby.

Bizz se demanda pourquoi les abeilles de centaines de générations avant la sienne auraient eu un plus grand savoir que les abeilles d'aujourd'hui. Selon elle, ça devait être le contraire, mais elle garda pour elle ses réflexions.

« Et tu dis que Dieu aime chacune de nous ?

– Absolument, répondit fièrement Bobby, qui avait l'impression de venir enfin à bout des réticences de Bizz.

– Si Dieu nous aime toutes, pourquoi enverrait-il certaines d'entre nous en enfer ? » C'était une question honnête, mais Bizz était allée un peu trop loin.

« Parce que certaines abeilles sont des pécheresses sans remords et elles doivent être punies ! répondit sèchement Bobby. Tu poses trop de questions, jeune abeille, et si tu ne changes pas, tu seras en mauvaise posture au Jugement dernier. »

Bizz ne voulait pas entamer une nouvelle discussion. Elle allait s'envoler lorsqu'une autre abeille, qui avait assisté à la conversation, prit la parole.

« Je sais que ça semble un peu confondant au début, mais tout se place par la suite. Ensemble, ces enseignements conduisent à l'amour fraternel. »

Bizz était atterrée. N'était-ce pas la même abeille qui, à peine une semaine auparavant, se moquait honteusement des guêpes ? Elle en avait assez entendu. Alors qu'elle se préparait à partir, Bizz entendit Bobby l'inviter aux prières du soir. Bizz le remercia, prétextant qu'elle avait besoin de temps pour réfléchir à ces notions. Elle s'envola en direction de la prairie, sans se retourner.

Chapitre 4

Bizz était plus confuse que jamais. Toute sa vie, elle avait ressenti Dieu de façon intuitive – une sorte d'unité avec la nature. Elle n'avait jamais eu besoin de formaliser cette intuition. Maintenant qu'elle ressentait une plus forte aspiration à s'approcher de Dieu, ce qu'elle venait d'entendre ne lui convenait pas du tout.

Elle essaya de se changer les idées en travaillant, mais ça ne faisait qu'empirer les choses. Finalement, elle abandonna sa routine et alla retrouver Bertha.

« J'ai toujours eu un problème avec le mot *Dieu*, commença Bertha, après que Bizz lui ait fait part de sa confusion. Il a différentes significations pour les abeilles. Pour certaines, Dieu est une gigantesque et vengeresse abeille-esprit dans le ciel, et, pour ma part, je rejette complètement cette définition.

– Mais Bobby affirme que nous sommes des pécheresses sans remords qui doivent être punies, fit valoir Bizz.

– Écoute. Nous commettons toutes des erreurs, parfois accidentellement, parfois aussi volontairement pour blesser une autre abeille. Nous ne pouvons le nier. Ce sont des épreuves que nous devons nous-mêmes corriger, tant pour nous que pour les autres, et desquelles nous devons tirer des leçons dans cette vie-ci. Il n'y a pas de statisticiens dans le ciel prêts à nous punir pour nos mauvaises actions. Nous ne sommes pas punies pour nos péchés ; nous sommes punies par eux !

– Alors, selon toi, qu'est-ce que Dieu ? demanda Bizz.

– Je n'en sais rien, avoua Bertha. Je ne crois pas que l'on puisse comprendre ce qu'est Dieu, parce que nous percevons les choses selon notre perspective limitée d'abeille, et Dieu est beaucoup plus grand que cela. Ce que je peux dire, c'est que Dieu semble être la force créatrice universelle, les lois de la nature, le courant de la vie, ce qui est. Je pense que ce sont les meilleures définitions que l'on puisse en donner de notre point de vue. Pour le reste, nous n'avons qu'à accepter le mystère. »

Cette façon de concevoir Dieu paraissait sensée pour Bizz. Toutefois, le fait d'entretenir des croyances si différentes du reste de la colonie l'intimidait, et elle le confia à Bertha.

« La religion ne vient pas de Dieu, elle vient des abeilles, la rassura Bertha. La plupart des abeilles ne pensent pas pouvoir trouver Dieu d'elles-mêmes, alors elles s'en remettent à d'autres pour leur montrer la voie. Le problème est que Dieu est à l'intérieur d'elles comme partout ailleurs. La plupart des abeilles ont beaucoup de difficultés à accepter qu'elles soient divines. Alors, elles cherchent à l'extérieur, dans la religion ou les rituels, pour satisfaire leur quête de Dieu.

– Est-ce la raison pour laquelle elles ressentent le besoin d'adorer Dieu ? demanda Bizz.

– Fort possiblement. Je suppose que c'est une façon de lui témoigner leur appréciation, répondit Bertha. Pour ma part, Dieu est bien au-delà du besoin d'être apprécié de nous, insignifiantes petites abeilles. Ça m'apparaît insensé. Je crois que pour bien des abeilles, l'adoration sert beaucoup plus à mettre Dieu de leur côté plutôt qu'à lui témoigner de la gratitude pour leur existence. De plus, à moins d'être vigilantes, plusieurs peuvent se perdre dans la routine et les rituels.

– Je sais ce que tu veux dire, Bertha, enchaîna Bizz. Les moments où je ressens le plus fortement un sentiment d'unité avec ce qui m'entoure sont ceux où je m'arrête volontairement pour ressentir réellement l'aspect grandiose de notre existence dans cette merveilleuse vallée. C'est comme si une véritable expérience d'appréciation suffisait, sans avoir besoin de la dédier à quelqu'un.

– Au fond, Dieu est en nous », confirma Bertha.

Un long silence enveloppant s'installa, tandis que Bizz et Bertha s'imprégnaient de l'essence de leur conversation. Bizz était très reconnaissante envers Bertha. Même si elle l'avait rencontrée depuis peu, Bizz avait l'impression que Bertha était une très vieille amie. Elle repensa à leur rencontre.

« Bertha, puis-je te poser une question personnelle ?

– Bien sûr, répondit Bertha. Demande-moi ce que tu veux.

– Tu te souviens, lors de notre première rencontre, tu étais assise, les yeux fermés ?

– Oui !

– Pour quoi priais-tu ? s'enquit Bizz.

– Je ne priais pas. J'étais simplement assise, là.

– Alors, pourquoi gardais-tu les yeux fermés ? interrogea Bizz avec curiosité. À quoi pensais-tu au juste ?

– À vrai dire, j'essayais justement de ne pas penser, avoua Bertha. Je me concentrais sur ma respiration.

– Pourquoi ?

– Eh bien, comme je te l'ai déjà expliqué, ça m'aide à éliminer les distractions afin d'entrer plus facilement en contact avec mon intérieur. Me concentrer sur ma respiration me permet une plus profonde intériorisation et favorise l'éclosion de qui je suis vraiment.

– Est-ce que tu pries parfois ? demanda encore Bizz.

– Plus tellement maintenant, dit Bertha. Pour moi, prier est habituellement demander quelque chose afin que la vie tende à satisfaire mes désirs. Mes séances d'intériorisation sont plutôt dédiées à me détendre et à écouter. J'essaie de développer le contrôle de mon esprit. J'ai constaté que j'obtiens de bien meilleurs résultats en maîtrisant mon propre esprit – ce qui, au bout du compte, déterminera mes expériences – qu'en essayant de maîtriser n'importe quoi d'autre. »

Les paroles de Bertha trouvaient écho en Bizz. Elle ne pouvait pas croire la chance qu'elle avait eue de rencontrer une abeille aussi sage. Pour la première fois, elle avait l'impression qu'une autre abeille comprenait et partageait sa façon peu orthodoxe de voir le monde.

« Bertha, tu n'as pas idée à quel point j'apprécie ton aide, dit Bizz. C'est tellement important pour moi de savoir que je ne suis pas la seule abeille de la colonie à être différente.

– C'est vraiment un plaisir pour moi, Bizz, dit Bertha sur un ton maternel. Cependant, tu dois faire attention pour ne pas trop dépendre de moi ou de n'importe qui. Chaque abeille doit trouver sa propre vérité. Heureusement, tu as déjà appris qu'il était inutile de compter sur le reste de la colonie pour ton bien-être parce que les autres abeilles ne peuvent le faire à ta place. Le seul endroit où tu pourras trouver et cultiver le bien-être, c'est en toi. Je peux être un guide pour toi, mais pas plus. Ne crois rien de ce que l'on te dit – même venant de moi –, à moins que ça sonne vrai en toi. »

Bizz trouva les conseils de Bertha très à propos. Toutefois, en repensant à ses expériences antérieures d'intériorisation, un sentiment de tristesse l'envahit.

« Bertha, pour être honnête, l'intériorisation ne m'a pas très bien réussi à date. On dirait que plus je m'intériorise, plus je me sens misérable.

– Personne n'a dit que devenir qui tu es vraiment serait facile, répondit Bertha. Ce ne fut pas toujours facile pour moi. »

Bizz secoua un grain de pollen resté accroché à sa patte et fixa l'horizon au-dessus de la prairie. Elle se sentait déprimée.

« Je crois que j'ai peur de l'échec, confessa-t-elle.

– Qui peut dire ce qu'est le succès et ce qu'est l'échec ? Dans les deux cas, tu peux grandir. Le succès consiste simplement à être sur notre propre voie. C'est seulement par les expériences que nous pouvons élargir notre conscience au-delà de notre perspective limitée d'abeille et commencer à considérer la vie et les choses sous un angle élargi. Ça s'appelle *voir l'ensemble avec les yeux de Dieu*.

– Que veux-tu dire ? »

Bertha fixa Bizz un instant. « On en reparlera une autre fois. Tu as déjà pas mal de choses à assimiler.

– Ah ! allez, Bertha ! » protesta Bizz. Elle n'allait pas permettre à la vieille abeille d'avoir piqué sa curiosité puis de la laisser sans autres explications.

« J'ai été en mesure d'accueillir tout ce que tu m'as dit jusqu'ici. Tu vas m'en parler tôt ou tard. Allez, fais-le maintenant, insista Bizz.

– Bon, d'accord, consentit Bertha, qui prit le temps de rassembler ses idées avant de continuer. J'y suis parvenue à quelques reprises seulement, mais je peux te dire qu'une fois que j'eus fait l'expérience de la perspective divine, j'ai su avec certitude que tout était parfait, que cet Univers, cette terre, cette vallée et cette vie n'avaient aucune imperfection.

– Tout est parfait ? Sans imperfections ? » Bizz se retrancha sur la défensive. « Comment peux-tu dire que tout est parfait alors qu'il y a tellement de préjugés, d'hostilité, de détresse et de mort dans la vallée ? Et quand je me sens triste et malheureuse, est-ce que tout est encore parfait ?

– Du point de vue d'une conscience élargie, oui. Toutes ces situations ne sont que des occasions d'apprendre les leçons indispensables à la réalisation de notre propre perfection. »

Un long et dérangeant silence s'installa, pendant que Bizz réfléchissait, le regard perdu au loin.

Bertha prit finalement la parole.

« Laisse-moi te poser une question, Bizz. Crois-tu que Dieu est partout ?

– Bien sûr que oui !

– Crois-tu que Dieu est parfait ?

– Oui.

– Alors, par définition, tout est parfait », conclut Bertha. Elle porta son regard sur les montagnes au loin, affichant un air serein et distant. « Ne vois-tu pas, Bizz ? La perfection n'est pas reliée aux situations. Elle est un état d'esprit.

– Hum ! » Les paroles de Bertha avaient du sens pour Bizz, mais elle se débattait avec son intellect pour les comprendre. « Tu veux dire que même le malheur est parfait ?

– Il l'est, car il nous force à aller plus profondément en nous. Chaque fois que je suis malheureuse ou en colère, j'essaie de considérer ces états comme des informations m'avisant que ma conscience n'est plus alignée sur la voie. Pour moi, c'est cela, l'enfer. Cette façon de voir les choses n'est pas la plus facile. Elle exige de la discipline. Cela dit, je sais par expérience qu'une abeille peut, avec suffisamment d'entraînement, atteindre l'épanouissement et le contentement au-delà de l'entendement.

– Épanouissement ? Contentement ? Moi, ce que je veux, c'est être heureuse et...

– ... ne jamais être triste, interrompit Bertha.

– Oui, exactement ! Qu'y a-t-il de mal à cela ?

– Je suppose que tu veux aussi l'extase sans la déprime, le doux sans le dur, le chaud sans le froid et le bien sans le mal ? »

Bizz baissa la garde. Son esprit roulait à plein régime. Bertha avait raison, c'était beaucoup trop à absorber. Les deux abeilles restèrent silencieuses, fixant l'horizon.

Ressentant la confusion de Bizz, Bertha reprit la parole. « Ne vois-tu pas, Bizz ? Tout est relatif. Dès que tu définis une condition, tu crées son opposé. Comment peux-tu connaître le chaud si tu ignores ce qu'est le froid ? Comment peux-tu savoir ce qu'est l'optimisme si tu n'as pas connu le pessimisme ? Comment être heureux si tu ne sais pas ce qu'est la tristesse ?

– Mais toi, Bertha, tu sembles heureuse la plupart du temps.

– Bizz, ce que tu décèles en moi n'est pas tant le bonheur que la paix, la paix intérieure qui naît lorsque l'on accepte cette vallée telle qu'elle est. Le bonheur que je peux connaître est accidentel. Le bonheur ne peut être poursuivi. Il doit venir à nous, comme un résultat. »

Soudain, une grosse goutte de pluie s'abattit sur le sol non loin des deux abeilles. Elles s'aperçurent alors que l'intensité de leur conversation les avait absorbées au point de ne pas remarquer l'orage qui se préparait. Le ciel s'était assombri et un vent froid s'était levé.

L'une des règles primordiales pour les abeilles était de ne jamais être surprises par la pluie. Une abeille aux ailes détrempées était vulnérable, sans compter qu'être frappée par une grosse goutte de pluie ou, pire encore, par un grêlon, pouvait être fatal. Bizz et Bertha bondirent jusqu'au rocher le plus près, se glissèrent en dessous et scrutèrent le ciel tandis que l'orage se développait.

Bizz tressaillit, alors qu'un éclair frappa la cime d'un arbre tout près. Une bourrasque souffla soudainement, secouant les cimes des arbres comme des brindilles d'herbe. Le ciel était sombre et menaçant, mais étrangement réticent à déverser la pluie qu'il retenait, ne laissant que quelques gouttes tomber ici et là. L'orage semblait s'amuser. Bizz n'avait jamais vécu une telle tension.

Puis, soudainement, tout se déclencha. La pluie s'abattit sur toute la prairie. Les éclairs fusaient de partout ; le tonnerre faisait trembler le corps frêle des deux abeilles. La prairie s'illumina une fraction de seconde dans une lumière aveuglante qui fit frissonner Bizz. Elle jeta nerveusement un coup d'œil à Bertha et s'aperçut, sous la lumière des éclairs, qu'un sourire d'excitation s'étalait sur le visage de la vieille abeille.

Rapidement, l'eau les rejoignit et elles durent grimper plus haut. Bizz essayait de rester calme, mais elle n'y arrivait pas. À mesure que l'orage s'intensifiait, Bizz songeait à la ruche, craignant qu'elle soit en péril. Aucun grêlon n'était tombé jusque-là, mais le vent était si violent qu'il pouvait très bien faire basculer la ruche de la branche à laquelle elle était rattachée. Bizz essaya de voir du côté de la ruche, mais la pluie était si dense qu'elle n'arrivait pas à l'apercevoir. Finalement, elle réussit à l'entrevoir et la vit se balancer vigoureusement sur la branche, devenant parfois presque en position horizontale.

Bertha la vit elle aussi. « Ça peut être très sérieux », dit-elle.

Au bout d'un moment, le vent et les éclairs se calmèrent et l'orage se transforma en une averse. Les deux abeilles demeuraient à l'abri, silencieuses, chacune absorbée dans ses pensées.

Lorsque la pluie ne devint qu'une légère bruine, Bizz et Bertha et d'autres abeilles volèrent directement à la ruche pour évaluer les dommages.

« Elle ne tient plus que par quelques liens, entendirent-elles en approchant. Quelques minutes de plus de ce fort vent et c'en était fait de notre ruche. »

Plusieurs abeilles pénétrèrent et ordonnèrent à celles qui se trouvaient à l'intérieur d'évacuer immédiatement la ruche. En moins d'une minute, toutes les abeilles étaient sorties, sauf la reine qui était trop lourde pour voler.

Chaque abeille sentit l'urgence de la situation. Une autre bourrasque et la ruche pourrait céder. Instinctivement, toutes les ouvrières commencèrent à mâchouiller de l'écorce, la transformant en une pâte qu'elles passaient à d'autres ouvrières qui à leur tour l'appliquaient aux liens qui retenaient encore la ruche afin de les renforcer. En quelques heures, la ruche était hors de danger. Les abeilles pouvaient enfin respirer. Au coucher du soleil, les réparations étaient en majeure partie complétées.

Chapitre 5

Ce soir-là, l'ambiance dans la colonie était pour le moins solennelle. Ce n'est qu'après avoir terminé les travaux de réparation que les abeilles réalisèrent vraiment à quel point elles avaient frôlé la catastrophe. « Une bourrasque de plus et… », entendait-on dire ici et là.

Bobby, quant à lui, répétait à qui voulait l'entendre : « C'est une punition de Dieu. Nous devons nous repentir et mener une vie plus pieuse. »

Bizz ne pouvait s'empêcher de repenser à ce que Bertha avait dit au sujet de la perfection. La colonie venait presque de perdre sa ruche, mais Bertha dirait probablement que cet événement tragique était parfait lui aussi. Qui était-elle pour porter un tel jugement ? Bizz avait des réticences à accepter que tout soit parfait.

Le matin suivant, Bizz retrouva Bertha qui se prélassait au soleil sur une rudbeckie. « Comment as-tu appris tout ce que tu m'as raconté hier ? demanda Bizz.

– J'ai simplement observé méticuleusement. Et je ne m'empresse pas de croire ce que les autres abeilles racontent. Je consulte toujours mon sentiment intérieur d'abord. »

Bertha avait le regard dans le vague, donnant à Bizz l'impression que son esprit était ailleurs. « Ne vois-tu pas ? reprit Bertha. C'est parfait de penser que la vie est imparfaite. C'est ce qui nous garde sur notre propre voie jusqu'à ce que nous réalisions éventuellement notre propre perfection, notre unité. Pour moi, c'est ça, le paradis.

« C'EST PARFAIT DE PENSER QUE LA VIE EST IMPARFAITE. »

– Mais quel est le but de tout cela ?

– Je ne sais pas s'il y en a un, Bizz, à part peut-être de vivre le moment présent. Cela dit, lorsque j'observe autour de moi, je constate un point commun à toutes formes de vie : la croissance. Chaque portion de vie, aussi infime soit-elle, tend à combler une plus grande place, à devenir tout ce qu'elle peut être.

– Bertha, cette idée d'expansion est exactement ce qui me rend dingue à propos d'ici.

– Je ne parle pas seulement de l'expansion extérieure. Elle se fait déjà par elle-même. Je parle d'une tout autre dimension : l'expansion à l'intérieur de soi – ce que l'on traverse. »

Bizz approuva d'un signe de la tête : « Nous y parvenons en regardant et en cherchant en nous notre véritable identité...

– Exactement ! À la base, notre problème est que nous nous considérons comme séparés de tout, des autres, de ce qui nous entoure et même de Dieu, mais tout est aussi interconnecté. Tout est un. Nous sommes à la fois individuels et universels. Parfois, les mots et les concepts s'affrontent. »

Bizz médita quelques instants sur le sujet puis elle reprit la parole.

« Bertha, je peux comprendre mon unité avec ma tête, mais je ne la ressens pas. Je n'en fais pas l'expérience.

– Tu as raison, répondit Bertha. C'est le grand défi : ne pas seulement la comprendre, mais être cette unité pour qu'elle devienne notre identité.

– Comment arriver à faire cela ? »

Bertha réfléchit un moment puis dit simplement : « Retiens ton souffle.

– Retenir mon souffle ? répéta Bizz sans saisir la pertinence de la recommandation.

– Oui, retiens simplement ton souffle.

– D'accord », accepta Bizz tout en demeurant sceptique. Elle inspira profondément tout en jetant un coup d'œil à Bertha pour connaître la suite des instructions. Bertha regardait alors au loin et commençait doucement à bourdonner.

Obéissante, Bizz continuait à retenir son souffle, se demandant toujours où tout cela pouvait bien mener. Après une minute, son visage tourna au rouge tandis que Bertha continuait à bourdonner. Bizz retint son souffle jusqu'à ce qu'elle n'en puisse plus. Finalement, elle expira bruyamment et prit plusieurs grandes respirations pour retrouver son équilibre.

Comme Bizz allait ouvrir la bouche pour demander à Bertha ce que tout cela signifiait, cette dernière se tourna vers elle et lui dit : « Te sens-tu encore séparée ? »

Graduellement, un large sourire de compréhension s'afficha sur le visage de Bizz.

« Je suis reliée à toutes les choses, dit-elle lentement. Je ne peux pas vivre, ne serait-ce que quelques minutes, sans oxygène. Et l'oxygène vient des plantes, qui se nourrissent de la lumière du soleil, du sol, de la pluie et même de la gravité, et tout cela continue ainsi sans fin.

– Tout à fait ! La tendance que nous avons à nous identifier comme des êtres séparés du reste est un choix arbitraire dont la plupart de nous ne sont pas conscients. Nous pouvons tout aussi bien nous identifier à l'unité si nous y mettons la conscience et l'intention nécessaires. »

Bertha regarda Bizz et constata, à ses sourcils froncés, qu'elle était une fois de plus perdue dans ses pensées. Bertha éclata de rire, ce qui fit sursauter Bizz.

« Qu'y a-t-il de si drôle ? demanda Bizz.

– Chère Bizz, tu sembles croire qu'à force de penser très fort et très longtemps, tu vas tout saisir avec ta tête.

– Eh bien, peut-être que oui, répondit Bizz sur la défensive.

– Penser est utile, expliqua Bertha, mais ça ne fait pas foi de tout. Il y a une partie plus élevée en toi qui peut contrôler même ton esprit, mais tu peux te connecter à cette partie seulement en observant et en expérimentant. L'esprit est un formidable serviteur, mais un maître tyrannique. »

Bizz essaya de ne plus penser pendant quelques instants, mais n'y arriva tout simplement pas.

« Bertha, dit-elle, je sais par mon intellect que l'oxygène, les arbres, le sol et le reste sont essentiels à la vie, mais ce que je veux, c'est ressentir la connexion avec Dieu.

– Tu es trop obsédée par tes idées sur Dieu, répondit Bertha.

– Je croyais que c'était bien d'être obsédée par Dieu ! protesta Bizz.

– Je n'ai pas dit que tu étais trop obsédée par Dieu, corrigea Bertha. J'ai dit que tu étais trop obsédée par tes *idées* sur Dieu ! »

Une fois de plus, Bizz sentit sa confusion augmenter.

« Bertha, nos idées sur Dieu ne sont-elles pas la seule façon que nous ayons de le comprendre ?

– Non, répondit Bertha. Souvent, elles font obstacle. Dieu ne peut pas être compris. On doit en faire l'expérience. »

Bizz ferma les yeux et abandonna ses pensées du mieux qu'elle le pouvait.

« Donc, ça signifie que Dieu est tout, dit Bizz avec déception.

– Exactement ! répondit Bertha avec excitation. Y compris toi ! Au lieu de penser autant, vis pleinement tout ce qui arrive, tout ce que tu fais. Vis le moment présent ! Vis ta vie moment par moment. »

Bizz essayait de comprendre tout ce que Bertha lui expliquait. Cette dernière ajouta : « Le plus grand présent est le présent. »

Bizz savait que Bertha disait juste, mais elle commençait à se sentir dépassée. Bertha lui avait transmis beaucoup d'informations.

Elle avait de la difficulté à tout absorber. Elle allait prendre congé lorsque Bertha en rajouta.

« Écoute, Bizz. Je ne sais pas comment te le dire autrement, mais tu dois cesser de penser à tout en fonction de Dieu. Ça ne fait qu'obstruer ta vision. Oui, une quelconque puissance inimaginable a créé cet Univers, cette planète, cette vallée et nous. Puis, après ? Ultimement, nous sommes toujours ici avec notre vie à mener. Tu balances tes idées sur Dieu dans tout, et ça ne fait que mêler les choses. J'appelle ça le détour divin. C'est bien de l'emprunter pour un temps, mais si tu n'en sors pas un jour, tu ne feras rien d'autre que tourner en rond. »

Holà ! pensa Bizz. Il lui semblait que Bertha devenait plutôt radicale, voire qu'elle frôlait le sacrilège. Pour la première fois, Bizz commença à remettre sérieusement en question ce que Bertha disait.

« Tant qu'à parler de ce sujet, continua Bertha, je t'encourage aussi à réfléchir profondément au mot *spirituel*. Un nombre faramineux d'abeilles sont prisonnières de la pensée que Dieu n'est que spirituel. Ainsi, elles oublient que Dieu est tout aussi physique – les abeilles, les arbres, le sol, le soleil. Pourquoi confiner Dieu à la seule réalité spirituelle quand nous avons constamment devant nous tous ces miracles physiques ? Je préfère utiliser le mot *sacré*.

– Bon, d'accord, mais tu dois admettre que le physique semble si banal, fit valoir Bizz.

– C'est parce que tu es endormie », répondit Bertha.

Bertha pouvait être brusque parfois, mais Bizz admettait qu'une certaine forme d'engourdissement enveloppait sa vie. Dépassée, elle soupira de désespoir.

Percevant le découragement de Bizz, Bertha ajouta : « Maintenant, es-tu prête pour la bonne nouvelle ?

– Je suppose que oui, répondit Bizz, désolée.

– Savoir que tu es endormie est un très grand pas de franchi. La plupart des abeilles vivent leur vie entière sans se rendre compte qu'elles sont endormies. Et le deuxième grand pas est de vouloir changer cet état.

– Alors, j'ai fait deux pas dans le processus, résuma Bizz. Qu'est-ce que je fais ensuite ?

– Entraîne-toi à observer tout attentivement. Essaie de voir le sacré en tout. »

M'entraîner ! pensa Bizz. *Encore des efforts et du travail !*

« Persévère, Bizz, conclut Bertha. Donne-toi du temps. C'est une façon de vivre, non quelque chose qui s'accomplit en un après-midi. Souviens-toi que Dieu n'est pas une sorte d'abeille géante dans le ciel ni une idée dans ta tête. Tout est divin – toi, moi, Bobby, ce rocher, la prairie et même Boris ! »

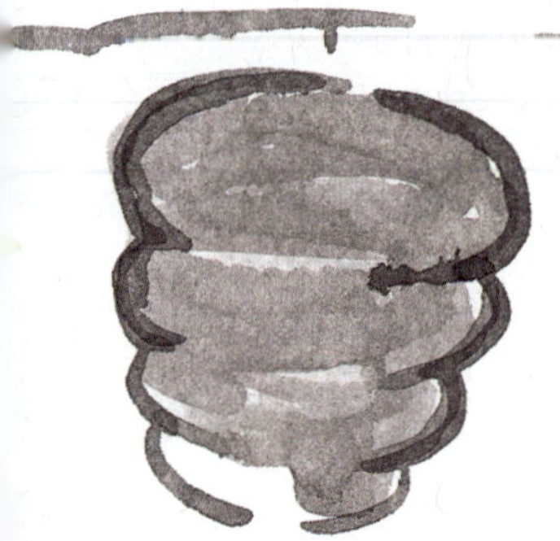

Chapitre 6

À moins d'un demi-kilomètre de la ruche, l'ours Boris vagabondait à travers les arbres lorsqu'une irrésistible odeur de miel lui passa sous le museau. L'odeur lui rappela ce doux trésor qui était toujours si près, mais si loin en même temps.

Durant son enfance, il avait cruellement appris que les abeilles, bien que minuscules, peuvent causer de grandes douleurs. Grâce à sa détermination, il était toutefois parvenu à goûter le miel. Il n'avait jamais oublié cette saveur délicieuse. Le miel était pour lui le meilleur choix au menu de la forêt.

Boris décida d'aller jeter un coup d'œil à la ruche pour voir si, par hasard, elle n'avait pas été désertée. Quand il était question de miel, aucune possibilité n'était écartée.

Bizz était occupée à emmagasiner une cargaison de pollen frais lorsqu'elle entendit l'alerte à l'extérieur. Le cœur battant, elle se fraya un chemin parmi la cohue jusqu'à l'entrée de la ruche et regarda vers le sol. Ses craintes se confirmaient. Quinze mètres plus bas, Boris s'agrippait à l'arbre. Il essayait de grimper et de balayer les abeilles de son visage en même temps.

C'était une question de vie ou de mort pour la colonie. Du moins, c'est ce que chacune des abeilles avait appris. Toutes les ouvrières devaient automatiquement attaquer l'intrus, sans se soucier du fait que celles qui le piqueraient en mourraient aussi. Bizz avait été rabrouée lorsqu'elle avait osé demander pourquoi la colonie ne choisissait pas de reconstruire la ruche dans un endroit plus sécuritaire, évitant ainsi les nombreuses pertes de vie que de tels combats entraînaient. On lui avait répondu que c'était une question de fierté. Les abeilles ne pouvaient tout simplement pas accepter d'être délogées par Boris. Même s'il était un malotru maladroit, il était imposant et la colonie devait l'affronter. Bizz avait ressenti que certaines abeilles belliqueuses souhaitaient vraiment une attaque de Boris afin de goûter l'ivresse du combat. Bizz ne comprenait pas pourquoi les abeilles étaient prêtes à risquer la mort au nom de la fierté.

Bizz fut projetée à l'extérieur de la ruche par la masse d'abeilles qui s'envolaient pour le combat. Plus bas, une nuée d'abeilles fonçaient furieusement sur la tête de Boris, visant toutes les parties vulnérables de son visage – les lèvres, le nez, les yeux et les oreilles. Dès qu'une abeille piquait l'ours, elle se retirait, laissant son dard dans la peau de Boris. L'abeille en mourait, mais une autre prenait sa place. Bizz tournoyait autour de l'essaim, observant le carnage en gardant ses distances.

Pour Boris, c'était l'heure de la décision. Son visage n'était plus qu'un amas d'abeilles. Il ne pouvait même plus ouvrir les yeux par

crainte d'être piqué directement dans un œil. Grognant et maugréant, il dut se rendre à l'évidence que ce n'était pas son jour de chance pour le miel et il battit en retraite. Les abeilles poussèrent un soupir de soulagement, sauf les belliqueuses qui poursuivirent l'ours loin dans la forêt.

La ruche résonnait de gémissements et de plaintes. Des centaines d'abeilles mortes ou agonisantes jonchaient le sol sous la ruche. Des dizaines d'abeilles blessées revenaient, avec un trou béant au postérieur, pour mourir lentement près de la colonie. Les abeilles étaient fières d'avoir réussi à défendre la ruche, et cela apportait une consolation à la colonie.

Le corps de chaque abeille morte était rejeté hors de la ruche. À la fin du jour, un énorme tas d'abeilles mortes s'était formé sous la ruche, et l'odeur de la mort s'en dégageait. C'était la scène la plus répugnante dont Bizz avait été témoin. Curieusement, et d'une façon presque perverse, la bataille et les pertes avaient semblé créer une camaraderie parmi les membres de la colonie.

Ce soir-là, une ouvrière passa et pointa Bizz. « Tiens, voilà la lâche ! »

Bizz était sous le choc ; on l'avait repérée ! Elle essaya d'ignorer la remarque et s'éloigna, mais l'une des abeilles belliqueuses lui bloqua le chemin. « Tu t'es assurée de rester loin de Boris, ce matin », lui lança-t-elle.

Bizz sentit son dard palpiter, mais elle demeura calme. Elle se rappela le conseil de Bertha de ne pas se fier aux autres pour son bien-être. Puis, elle se surprit à dire : « Je ne crois pas aux guerres inutiles et je refuse de sacrifier ma vie pour la fierté de la colonie. Il y a d'autres solutions aux problèmes avec Boris. Si chacune d'entre vous avait pensé comme moi, nous n'aurions pas ce misérable tas d'abeilles mortes sous notre ruche.

– Boris est méchant et il doit être repoussé, rétorqua l'abeille belliqueuse. Nous ne pouvons pas le laisser dicter notre façon de vivre.

– Mais si nous rebâtissions graduellement la ruche dans un lieu sécuritaire, hors de sa portée, nous n'aurions plus jamais à nous préoccuper de lui, affirma Bizz.

– Et quel impact cela aurait-il sur le moral de la colonie ? Nous serions la risée de la vallée !

– Peut-être au début, mais à la longue, ça nous rendrait plus fortes parce que nous cesserions de perdre des centaines d'ouvrières chaque fois que Boris aurait une fringale de miel, dit Bizz.

– Il n'en est pas question. Boris doit savoir qu'il ne peut pas nous déloger. »

Bizz s'animait de plus en plus. Sur un élan d'émotion, elle posa à l'abeille belliqueuse une question dérangeante : « En passant, puisque tu détestes autant Boris, pourquoi es-tu là à me parler au lieu d'être sur le tas de la mort en bas ? »

L'abeille belliqueuse bafouilla. « Je... je... », mais avant qu'elle ait pu s'expliquer, Bizz était partie.

Le matin suivant, Bizz ne pouvait pas s'empêcher de jongler à ce que Bertha lui avait dit au sujet de la perfection. Une ancienne partie d'elle voulait rejeter cette idée en en faisant un non-sens. Comment la mort de centaines d'abeilles lors d'un raid contre un ours pourrait être parfaite ? En même temps, une nouvelle partie d'elle était réceptive à cette notion. Au fond d'elle, elle ressentait la véracité de la perfection.

Bizz retrouva Bertha se prélassant au soleil sur la mousse d'un pissenlit.

« Explique-moi comment la mort de centaines d'abeilles lors d'un raid contre un ours peut être parfaite ?

– Non ! Toi, dis-le-moi. (Bertha sentit que Bizz devenait indolente.)

– Eh bien, je suppose d'abord que le fait que Boris aime le miel ne le rend pas forcément méchant. Il semble l'être de notre point de vue parce qu'il veut notre miel. Si je considère toutes les souffrances que nous lui imposons, il pense probablement que nous sommes aussi méchantes.

– Bien. Continue.

– Heu, même si les abeilles sont mortes pour protéger la ruche, leur mort a aussi un autre but : nous forcer à chercher de meilleures solutions de rechange. Plus nous sommes fermées, plus les leçons sont dures. Ces abeilles n'avaient pas à mourir. Le problème est que la plupart d'entre nous sont trop paresseuses, fières ou attachées aux traditions pour réaliser le besoin de changements. Cela dit, si nous ne changeons pas, nous allons répéter les erreurs, encore et encore. La perfection semble être au cœur du processus, dans la possibilité d'apprendre.

– Tu parles comme une véritable enseignante », dit Bertha en tapant légèrement l'une des antennes de Bizz avec la sienne.

Bizz ne s'était jamais considérée comme une enseignante auparavant.

Bertha adopta de nouveau son regard lointain. « Chaque incident qui survient comporte des leçons potentielles. Les leçons sont l'autre côté des expériences. L'apprentissage est ce qui nous a menées aussi loin et c'est ce qui nous portera, peu importe où nous voulons nous rendre. Bien que la plupart des abeilles considèrent ce monde comme une fin, il est aussi une occasion d'apprendre, un véhicule pour développer une plus grande conscience. »

Bizz ressentit un frisson lui parcourir le corps en entendant cette révélation. « Bertha, pourquoi ne m'as-tu pas dit cela avant ?

– J'ai essayé », lui répondit Bertha d'un air moqueur.

Les deux abeilles rirent de bon cœur. Tout cela était tellement nouveau pour Bizz. L'attaque de l'ours avait été un événement déterminant.

Bertha nota cette expression sérieuse apparaître sur le visage de Bizz et elle sut qu'une autre question se préparait.

« Bertha, est-ce que je peux te poser une question personnelle ?

– Est-ce que je t'ai déjà refusé une question ? »

Bizz sourit à la remarque de Bertha, puis posa sa question.

« De quelle façon as-tu perdu ton antenne ?

– Une attaque contre un ours, comme celle qui a eu lieu hier.

– Qu'est-il arrivé ?

– Oh ! il y a longtemps de cela… J'étais jeune et imbue de moi-même. Un jour que je butinais, j'ai soudainement entendu l'alerte.

Je me suis précipitée vers la ruche. Boris grimpait à l'arbre. Je fus l'une des premières à le rejoindre. J'ai atterri directement sur son museau et je lui ai planté mon dard, mais il m'a balayée d'un coup de pattes. Il nous a assommées, moi et quelques autres consœurs. J'ai perdu connaissance pour un temps. En revenant à moi, j'étais étendue au sol parmi des abeilles mortes ou agonisantes. Boris n'était plus là. J'étais sûre de mourir, car j'étais persuadée que mon dard était resté planté dans le museau de Boris. De toute évidence, mon dard n'avait pas eu le temps de pénétrer profondément dans la peau de Boris pour y rester accroché. Je me suis relevée. Mes pattes étaient tremblantes, mes deux ailes étaient froissées et l'une de mes antennes était manquante, mais dans l'ensemble, je ne m'en tirais pas trop mal. Selon moi, ce fut un miracle de survivre à cela. À partir de ce jour, ma vision de la vie avait complètement changé. Plus rien n'allait être pareil par la suite, à part quelques dommages au cerveau… »

Bizz rigola, mais Bertha reprit : « Chacune de nous s'éveille à sa façon et à son propre rythme. Certaines sont plus fermées que d'autres aux changements. Et sans doute que quelques-unes sont simplement chanceuses. »

Bizz mesura la portée des paroles de Bertha avant de parler à son tour.

« Tu sais, on peut dire que ces abeilles ont été des enseignantes pour moi, même si ce n'était pas leur intention.

– Tu as raison. Nous pouvons beaucoup apprendre les unes des autres – même de celles auxquelles nous nous attardons le moins – si nous pouvons simplement mettre de côté notre ego. Il n'y a pas de pénurie de leçons. Nous sommes toutes à la fois élèves et enseignantes les unes pour les autres. »

Bizz s'assit pour réfléchir. « Tu sais, cette idée de changer notre point de vue est fascinante. C'est comme changer l'angle de notre conscience pour percevoir les choses à partir de l'intérieur, ce qui nous permet d'aller au-delà de ce que nous sommes. C'est comme si nous réalisions que nous sommes plus que des abeilles. »

Bertha rigola en connaissance de cause.

« Ça ressemble à ça, effectivement. »

❀❀❀

De meilleures options… Toute la journée, ces mots avaient résonné dans l'esprit de Bizz tandis qu'elle butinait. D'un côté, elle commençait à voir la perfection dans le raid contre l'ours, mais d'un autre côté, elle pouvait voir que c'était évitable. Elle était devenue obsédée par la vulnérabilité de la ruche. D'abord, l'orage. Puis, Boris. Elle ne pouvait pas croire à quel point les autres abeilles étaient insouciantes. Ce n'était qu'une question de temps avant qu'une tragédie détruise la ruche. Bizz avait déjà exprimé ses inquiétudes, mais elle avait été rabrouée. Cela dit, il n'y avait aucune raison pour qu'elle n'aide pas la colonie à se préparer au pire, s'il devait survenir.

Le matin suivant, elle commença à dénicher de nouveaux endroits où la ruche pourrait être reconstruite. Les arbres n'étaient pas retenus – trop grande vulnérabilité. Les buissons n'offraient pas une bonne protection non plus. Elle cherchait une place qui serait hors d'atteinte de l'ours et protégée des intempéries. Elle vola ici et là, scrutant l'horizon à la recherche d'une solution, mais sans succès. Elle avait atteint le fond de la vallée et s'apprêtait à faire demi-tour lorsque soudainement elle eut l'intuition de lever les yeux.

Devant elle se trouvait la réponse. Pourquoi n'y avait-elle pas pensé avant ?

Chapitre 7

Le printemps avait fait place à l'été. Bizz passait de plus en plus de temps avec Bertha. Il était devenu évident que cette dernière n'en avait pas encore pour longtemps à vivre. Son corps âgé supportait de moins en moins les exigences de la vie. Même si son esprit était aussi vif qu'avant, elle avait de la difficulté à demeurer dans les airs, ne serait-ce qu'une seule minute. Et tout le monde sait que lorsqu'une abeille ne peut plus voler, eh bien…

Bizz s'interrogeait sur tout. Parfois, une brèche s'ouvrait et lui donnait accès à une connaissance intérieure, mais la plupart du temps, elle sentait grandir sa souffrance et sa frustration. À l'occasion, durant une heure ou même une journée, elle se sentait merveilleusement vivante et en unité avec l'Univers. Elle avait alors l'heureuse impression d'avoir finalement trouvé ce qu'elle cherchait. Mais, tôt ou tard, elle remarquait que cet état d'esprit se dissipait. Elle avait

beau essayer, elle n'arrivait pas à le réanimer. Avant de s'en rendre compte, elle était de retour dans ses vieux schémas de pensée, qui lui semblaient pires qu'avant à cause de ce qu'elle avait vécu. Bizz en était blessée profondément. Elle n'avait jamais pensé se sentir aussi mal, déstabilisée et confuse. C'était en de tels moments qu'elle se demandait pourquoi elle passait tant de temps avec Bertha quand tout ce qu'elle en récoltait était une redoutable confusion. La sagesse de Bertha semblait juste, mais convenait-elle vraiment à Bizz ? Pourrait-elle un jour atteindre une sorte de contentement dans sa vie ?

Bizz se sentait intensément attirée vers le passage dans les montagnes. En fait, elle n'arrivait pas à s'empêcher d'y penser. Un après-midi, elle vola jusqu'à la limite des arbres pour jeter un nouveau coup d'œil à la région. Elle était certainement dangereuse. Le passage était profond de plus de neuf mille mètres, de forts vents soufflaient en bourrasques de façon imprévisible et la rareté de l'air rendait le vol difficile.

Les rochers gris et froids contrastaient avec la prairie verte et douce. Cependant, quelque chose faisait dire à Bizz que c'était réalisable.

Ce soir-là, Bizz parla de son idée à Bertha, qui n'en était pas trop enchantée. « Peu importe où tu vas, là tu es, dit-elle avec esprit. La seule issue est à l'intérieur.

– D'accord, mais quelque chose me dit que je dois découvrir ce qu'il y a de l'autre côté.

– C'est bien. Ne crois pas cependant que ça réglera tes problèmes. »

Bizz ne voulait pas l'admettre, mais elle savait que Bertha avait raison. Cependant, elle commençait à en avoir un peu marre que Bertha ait toujours raison.

« Parle-moi de cette urgence qui t'anime ? continua Bertha.

– Eh bien, c'est difficile à décrire. C'est comme si j'en étais obsédée. Je n'arrête pas d'y penser. Tout me pousse à tester mon idée.

– Alors, qu'est-ce qui te retient ?

– Ce qui me retient ? C'est dangereux là-haut ! Le vent souffle comme un déchaîné, il fait froid et c'est une longue distance à parcourir. Je pourrais y laisser ma peau ! Voilà ce qui me retient !

– À la mesure de ta peur de mourir, tu as peur de vivre.

– Facile à dire pour toi », répliqua Bizz.

Le détachement dont faisait preuve Bertha dérangeait Bizz. Elle ne pouvait jamais saisir exactement Bertha. Un instant, elle semblait contre l'idée ; l'instant d'après, elle semblait l'approuver.

« Bertha, je sais que tu essaies de m'aider, mais parfois ton langage à double sens me frustre. Pourquoi ne me dis-tu pas directement ce que tu penses que je devrais faire ? »

Bertha perçut la tension dans la voix de Bizz. « Il m'est douloureux de te voir lutter ainsi, Bizz, et parfois je veux bien te donner mon avis. Par contre, ce qui est bien pour moi ne l'est pas nécessairement pour toi. Mon travail est de t'aider à trouver tes propres réponses. »

La frustration de Bizz augmenta et elle commença à se sentir mal à l'aise. Elle aurait souhaité pouvoir retourner en arrière, tout recommencer et être comme toutes les autres abeilles.

« À LA MESURE DE TA PEUR DE MOURIR,
TU AS PEUR DE VIVRE. »

« Tu ne peux plus faire marche arrière maintenant. Tu en sais trop », intervint Bertha.

Bizz regarda la vieille abeille avec suspicion. Est-ce que Bertha pouvait lire dans son esprit ? « Les choses changent trop rapidement, se plaignit Bizz. Je ne peux m'ajuster à autant de changements.

– Toutes choses prennent place par le changement », répondit Bertha.

Un long silence inconfortable s'installa. Bizz se sentit sur le point de craquer et eut soudainement le souhait de voir quelqu'un se pointer pour simplement tout arranger.

« Chaque abeille est responsable de son propre salut », dit Bertha, à l'instant où Bizz émettait sa pensée.

Bizz la regarda, incrédule. « Est-ce que tu lisais dans mes pensées ? »

Bertha évita le sujet. « Ce n'est pas obligé d'être toujours douloureux et pénible, tu sais. La vie est trop importante pour la prendre trop au sérieux. Dans la vie, la douleur est inévitable. Souffrir est optionnel. »

Bizz sentit sa patience s'effriter. Elle se dit que si elle entendait une platitude de plus, elle exploserait.

Flairant l'occasion, Bertha ajouta : « Ne fais rien et rien ne reste en suspens. »

Soudainement, un éclair de rage traversa Bizz. « Qu'est-ce que c'est censé vouloir dire ? pesta-t-elle. Pourquoi ne peux-tu pas me parler clairement ? Tu m'as déboussolée pour la vie, et tu continues à m'en imposer encore plus. Le pire, c'est que je continue à gober tout ça.

Je suis épuisée et dégoutée de toi et de tout ton charabia mystique ! Rien de ce que tu dis n'a de sens. Ça ne fait que me rendre misérable ! J'en ai assez ! Je pars ! »

Bizz était furieuse. Elle s'envola et chercha le réconfort dans la forêt, mais avant elle fit demi-tour et repassa près de Bertha en lui criant : « **LAISSE-MOI SEULE ! JE N'EN PEUX PLUS !** »

Bizz se dirigea au cœur de la forêt jusqu'à son oasis près du ruisseau. Elle rumina sa rage le reste de la journée. Elle arpenta le bord du ruisseau par de courts allers-retours. Sa vie était sens dessus dessous et sa meilleure amie en était responsable. De quel droit cette vieille solitaire lui avait-elle lavé le cerveau ainsi ? Une partie de Bizz souhaitait secrètement que Bertha meure bientôt. Ça résoudrait assurément plusieurs de ses problèmes. Elle pourrait alors retourner à une vie normale.

✿✿✿

Le jour suivant, Bizz évita intentionnellement Bertha. Elle s'était calmée. Elle avait décidé que même si la vieille abeille était bien intentionnée, elle devenait tout simplement sénile. Bizz n'avait plus besoin de sa prétendue sagesse. Elle devait plutôt se concentrer à retrouver son équilibre.

À la fin de la journée, alors qu'elle retournait à la ruche, Bizz aperçut du coin de l'œil une abeille gisant au sol, de toute évidence en difficulté. Bizz plongea pour lui porter secours et découvrit rapidement qu'il s'agissait de Bertha, essayant pathétiquement de se redresser. Une soudaine vague de remords et d'amour fit fondre son cœur endurci. Bizz regardait sa vieille amie se débattre en vain. Bertha agonisait.

« J'EN AI ASSEZ ! »

Bizz atterrit sans tarder et tenta de réconforter Bertha. Des larmes coulaient de ses yeux. « Je suis désolée, Bertha. Je suis tellement désolée, sanglota-t-elle. Je t'en prie, pardonne-moi.

– Tu n'as pas à être désolée, ma fille, murmura Bertha en souffrance. Tu as fait ce que tu devais faire. »

Bertha sourit à Bizz, comme pour lui dire que tout était pardonné.

« Depuis combien de temps es-tu ici, Bertha ?

– Depuis midi environ.

– Accroche-toi, lança Bizz. Je vais revenir avec un peu de nectar.

– Non, dit Bertha.

– Mais Bertha, je peux t'apporter de la nourriture et…

– Non, répéta Bertha calmement. Mon heure est venue, Bizz. Il n'y a aucune raison de prolonger mon séjour ici. »

Troublée et dépassée, Bizz pleura de plus belle et tenta de soutenir du mieux qu'elle le pouvait la tête de la vieille abeille. « Merci pour tout ce que tu m'as apporté, Bertha. Je ne t'oublierai jamais. »

Bertha s'efforça de sourire et murmura : « Passe au suivant. »

Bizz fut étonnée de constater à quel point Bertha semblait paisible. « Tu n'as jamais parlé de la mort. As-tu peur de mourir ?

– Seulement lorsque j'oublie qui je suis vraiment », murmura Bertha.

Les deux abeilles plongèrent dans le regard de l'une de l'autre. Bertha, le souffle très court, ajouta : « Bizz, je sais que ta quête n'a pas été facile jusqu'ici, mais s'il y a une deuxième chose que je tiens à te

communiquer, c'est que notre existence ici-bas n'a rien à voir avec nos idées sur Dieu, avec la religion ou avec l'après-vie. Elle a tout à voir…

– Elle a tout à voir… (Bizz insista.)

– Elle a tout à voir avec ici et maintenant. Être ici, maintenant. »

Une expression de grand contentement apparut sur le visage de Bertha. Sa bouche se relâcha, son souffle devint rauque, ses yeux se fermèrent. Bertha partit doucement.

À ce moment précis, un goût de nectar exquis, comme Bizz n'en avait jamais goûté, lui vint en bouche et persista tandis que la réalité de la mort de Bertha l'envahissait. Bizz s'écroula au sol, perdue dans son chagrin.

Chapitre 8

Bouleversée, Bizz pleura presque toute la nuit. Bertha était la seule abeille qu'elle avait vraiment aimée, la seule qui l'avait comprise, et maintenant, elle n'était plus là. Bizz s'ennuyait déjà terriblement de Bertha. Bizz n'avait jamais cru se sentir aussi seule et désolée un jour. Cette nuit-là fut la plus longue et la plus triste de toute sa vie.

Bizz sanglota jusqu'à ne plus avoir de larmes. Au petit matin, elle était toujours aux côtés de sa vieille amie, composant tant bien que mal avec son deuil. Graduellement, un sentiment de nervosité s'empara d'elle. Qu'allait-elle faire maintenant ? Elle devrait délaisser le corps inanimé de Bertha tôt ou tard.

Bizz se dirigea vers la ruche, mais elle n'eut pas l'impression que c'était ce qu'elle devait faire. Elle retourna auprès du corps de Bertha. Bizz reconnaissait que la présence de Bertha dans sa vie avait été une sacrée chance pour elle.

Bertha lui avait tout apporté. Et maintenant, qu'allait-elle en faire ?

Au lever du jour, Bizz regarda les montagnes dont les cimes illuminées par les premiers rayons de soleil semblaient l'appeler. Bizz fit ses derniers adieux à son amie et enseignante et s'envola, le corps tendu par le froid. Elle ne voulait pas attendre que le soleil réchauffe l'air. En arrivant à la limite de la forêt, Bizz s'immobilisa et observa les pics montagneux avec émerveillement. L'endroit semblait miraculeux pour Bizz. Elle décida à cet instant de poursuivre son aventure.

Elle aspira le nectar de quelques fleurs sauvages pour revitaliser son énergie et elle évalua la distance. Elle était encore intimidante. Cela dit, autre chose la perturbait, le sentiment bizarre que quelque chose clochait, mais qu'elle n'arrivait pas à identifier. Elle devenait nerveuse et hésitait.

Qu'est-ce que je fais à cette hauteur déjà ? se demanda-t-elle. *Je dois être folle. Le vent va me projeter contre les falaises !*

Et c'est alors qu'elle comprit. **LE VENT ? IL N'Y AVAIT PAS DE VENT !** C'était comme si l'air silencieux l'interpellait. Son corps frémit d'excitation en s'élançant dans l'ascension.

Les trente premiers mètres défilèrent comme si ce n'était qu'un survol de la prairie. Puis, la réalité physiologique de l'abeille rattrapa Bizz. Elle voltigea pour un moment, retrouva son énergie et scruta la scène en bas. Bizz n'avait jamais atteint une telle hauteur jusque-là. À cette hauteur, la prairie ressemblait à une toute petite tache verte sur le tapis de la vallée. Au-dessus de Bizz, plus de six cents mètres de rochers abrupts semblaient défier ses audacieuses intentions. Bizz poursuivit son ascension, cette fois à un rythme plus modéré et dans une spirale ascendante plutôt qu'en montée directe.

À mi-chemin, Bizz se sentit de nouveau aspirée. Ses ailes n'avaient jamais été sollicitées pour de tels exploits auparavant. Elles protestaient en souffrant. Bizz atterrit sur une petite plateforme rocheuse pour se reposer. Assise à cette hauteur, cette toute petite abeille observait la magnificence de la vallée en bas. La réalité de ce qu'elle était en train de faire la frappa.

C'était d'une beauté immaculée. L'air était parfaitement clair et vif. Le ciel était d'un bleu éclatant. Sur la gauche, une petite chute se déversait plus bas dans la vallée. Des centaines de tons de vert reflétaient la lumière du soleil. Des castors s'activaient dans leurs étangs. Des biches broutaient dans la prairie luxuriante. Les nuages passaient ici et là, plus près que jamais. Des chants d'oiseaux résonnaient au loin. Tout semblait si vivant !

Tout est vraiment parfait, se dit Bizz. *Tout s'assemble dans une parfaite unité. Chaque élément complète les autres. Il n'y a pas d'erreurs. Le bien et le mal ne résident que dans l'esprit des abeilles. Tout EST, simplement !*

Son corps frémit alors que les paroles de Bertha lui revenaient en tête :

« LE BONHEUR NE PEUT ÊTRE POURSUIVI.
IL DOIT VENIR À NOUS, COMME UN RÉSULTAT. »

Une bourrasque la ramena au présent. Si Bizz voulait traverser le passage entre les montagnes aujourd'hui, elle devait s'activer, car un vent se levait déjà. Elle s'envola et poursuivit son ascension. Encore cinq cents mètres, mille mètres, puis deux mille mètres… Plus elle s'élevait, plus la brise devenait un vent plus fort, et plus c'était difficile pour Bizz de garder le contrôle de son vol.

Soudain, elle se sentit ballottée au point de passer à moins d'un mètre d'un rocher. En trois secondes, une chute de trois cents mètres stoppa son progrès vertical. Bizz comprit qu'elle était en danger et elle lutta désespérément pour éviter les rochers. Ses ailes fragiles donnaient tout ce qu'elles avaient, mais Bizz commençait à manquer d'énergie. Elle devait atterrir, et très bientôt, mais l'air était beaucoup trop instable. Bizz était en difficulté, et elle le savait.

Puis, ce qu'elle craignait survint. Une forte bourrasque la déstabilisa complètement. La dernière chose dont elle se souvenait était d'avoir été poussée violemment vers les parois de la montagne, à la renverse et totalement sans contrôle.

Chapitre 9

Lorsque Bizz reprit ses esprits, sa première impression en fut une de surprise. Le vent l'avait poussée dans un abri étroit, environ trois mille mètres plus bas que le passage entre les montagnes. Bizz était secouée, affaiblie et épuisée, mais elle était vivante. En reprenant ses esprits, lentement, elle réalisa qu'elle ne pouvait d'aucune façon espérer aller plus haut dans sa condition. En fait, elle ne pouvait aller nulle part dans sa condition. Elle avait besoin de nectar, et rapidement.

Elle rampa dans son abri de fortune en évaluant les possibilités de s'enfuir. Après avoir observé la situation sous tous ses angles, la seule option était d'affronter les rochers menaçants et le vent rugissant. Voler était hors de question dans de telles conditions.

À contrecœur, Bizz en vint à la conclusion qu'elle avait de bonnes chances de mourir dans les montagnes. Elle se sentit engourdie. Ses oreilles commençaient à résonner. Elle n'arrivait pas à le croire : elle, Bizz, l'abeille, était en train de mourir. Pas une autre abeille, pas une aînée comme l'était Bertha, mais elle, Bizz. Demain, elle ne serait probablement plus là. Elle se trouvait si jeune. Comment cela avait-il bien pu lui arriver ? Un instant, elle poursuivait ses rêves, et l'autre après, elle était en train de mourir. Le monde était vraiment un endroit d'injustice. Des milliers de pensées incontrôlées défilaient dans son esprit affolé.

Elle essaya de considérer la mort comme un sommeil dont on ne se réveille jamais, mais ça ne la réconfortait pas vraiment. Elle se demanda comment c'était, mourir de faim, et combien de temps cela prendrait. Elle imagina ce qui arriverait à son corps. Il se décompresserait et sécherait. Sans doute qu'une bourrasque la projetterait en bas des montagnes. Elle reposerait quelque part sur le sol et pourrirait. Et personne ne le saurait jamais ni ne s'en inquiéterait. Tout cela était terriblement triste. Bizz commença à perdre le contrôle de ses émotions. Elle pleura, trembla, cria et gémit. Mais ça ne faisait qu'augmenter sa peur. Elle pensa à Bertha et se demanda ce qu'elle lui aurait alors dit :

« LA SEULE ISSUE EST À L'INTÉRIEUR. »

Bizz s'assit et resta immobile pour le reste de la matinée, de plus en plus somnolente et agonisant devant l'inévitable. À certains moments, elle était envahie par la peur et la tristesse, mais elle se disait alors qu'elle ne voulait pas mourir de cette façon et elle s'efforçait de reprendre ses esprits. Elle arrivait alors à contempler sa vie et sa mort de façon rationnelle. L'instant d'après, ses pensées erraient et la peur et la désolation s'emparaient d'elle à nouveau.

De plus en plus, Bizz remarquait qu'il lui devenait difficile de bouger et de penser clairement. Tout semblait sombrer dans le brouillard et la rêverie. C'était pour Bizz un répit agréable après la terreur qu'elle avait ressentie. Ce n'était peut-être par une si mauvaise façon de quitter ce monde après tout.

La conscience de Bizz vacillait. Soudainement, l'abeille les aperçut du coin de l'œil. Au début, elle croyait qu'elle hallucinait. Elle détourna le regard, se frotta les yeux et regarda de nouveau dans leur direction. Elles étaient bien là : trois petites fleurs sauvages miraculeusement accrochées à la pierre froide et sans vie où elles avaient poussé. Bizz avait encore de la difficulté à le croire. Elle était dans cet abri depuis des heures. Comment pouvait-elle ne pas les avoir remarquées ? Était-elle en train de rêver ?

Bizz traîna son corps épuisé jusqu'aux fleurs et en tâta une. Elle était réelle ! Bizz se reposa un instant près de la fleur, ramassant le peu de force qui lui restait. Puis, avec beaucoup de volonté, elle lutta pour grimper sur la fleur. Au cœur de la fleur, elle vit le fin pistil sur lequel brillait un filet de nectar. Bizz se glissa au cœur de la fleur et savoura le nectar. C'était un nectar au même goût unique que celui qu'elle avait goûté lorsque Bertha était décédée. Que se passait-il donc ?

Lorsqu'elle eut terminé de déguster le nectar de la première fleur, Bizz entreprit de savourer celui de la deuxième fleur. Son énergie revenait graduellement. Avant d'en avoir dégusté tout le nectar, Bizz se trouva rassasiée et commença à se sentir aussi forte qu'avant.

Elle redescendit de la fleur. Bizz n'arrivait pas à le croire. *Quelle chance incroyable !* se dit-elle. *Comment ces fleurs sont-elles arrivées là ? Impossible que je ne les aie pas vues avant. Et pourquoi leur nectar a-t-il*

le même goût que celui que j'ai savouré lors de la mort de Bertha ? En fait, pourquoi n'ai-je pas été tuée lorsque le vent m'a poussée contre la paroi de la montagne ?

Que se passait-il donc pour Bizz ce matin-là ?

En retrouvant ses forces, Bizz s'avança jusqu'à la limite de la plate-forme rocheuse lui servant de refuge et regarda en bas. Une forte bourrasque faillit l'emporter. Elle s'accroupit et s'agrippa au rocher en attendant que la bourrasque passe. Le vent hurlait plus que jamais. Bizz savait qu'elle n'avait aucune chance de s'envoler si ce vent ne se calmait pas. Elle trouva un endroit au soleil et à l'abri du vent. Elle s'y détendit. Bizz savait que le vent cesse habituellement au coucher du soleil. Dans le pire des scénarios, il lui faudrait passer l'après-midi dans son refuge.

Alors, Bizz s'est assise, une toute petite abeille observant son coin de pays du haut des airs. Elle savait dorénavant que non seulement elle survivrait à sa mésaventure, mais qu'elle saurait en tirer du positif. Bizz se sentait incroyablement vivante, encore plus que lorsqu'elle était jeune. Pour passer le temps, elle fredonna ses chansons favorites. De temps à autre, elle retourna aspirer un peu de nectar au sein des trois fleurs, ce qui lui faisait immanquablement penser à Bertha et à sa bonne étoile.

« LA VIE EST TROP IMPORTANTE
POUR LA PRENDRE TROP AU SÉRIEUX. »

Tout d'un coup, Bizz s'ennuya terriblement de sa vieille amie. Bertha avait été si gentille et si aidante envers elle. Bizz avait tant appris auprès d'elle. Plus que tout au monde, elle aurait souhaité que Bertha soit là encore aujourd'hui.

Le soleil descendit lentement dans le ciel. Pourtant, le vent continuait de souffler férocement. Cela dit, Bizz restait persuadée qu'il cesserait lorsque le soleil serait couché. Lorsque le soleil toucha l'horizon et se mit à disparaître, Bizz commença à s'inquiéter, car le vent n'avait pas diminué du tout. Bizz savait qu'il ne lui restait pas plus d'une heure de luminosité et de chaleur pour traverser le passage montagneux. Le vent semblait souffler plus fort que jamais. Lorsque la première étoile fut visible, le moral de Bizz tomba à pic.

Elle devrait passer la nuit là-haut, dans son refuge, et exposée au vent glacial. Bizz ignorait si elle y arriverait, mais elle n'avait pas d'autres options. À mesure que les heures défilaient et que la nuit se refroidissait, Bizz était de plus en plus gelée. Elle se camoufla dans la plus petite crevasse qu'elle put trouver. Même si la pierre était glacée comme la mort, c'était tout de même mieux que le vent cinglant. Bizz commença à grelotter de façon incontrôlable. Elle sortit de sa crevasse pour agiter ses ailes et faire des bonds, mais ce fut insuffisant pour qu'elle se réchauffe.

Bizz pensa à sa colonie, en bas, dans la prairie, bien au chaud dans la ruche. Ce n'était pas si mal dans la ruche finalement. Pourquoi alors était-elle montée jusqu'ici ? Elle réalisait soudainement tout ce qu'elle avait dans la colonie et à quel point elle avait été stupide de tout tenir pour acquis. Elle se dit que si, le lendemain, le vent devait cesser, elle retournerait à la colonie et rebâtirait sa vie. Au même moment, la plus forte bourrasque de la nuit souffla jusque dans l'abri de Bizz et hurla l'avertissement de Bertha :

« Il n'y a plus de retour en arrière. Tu en sais trop maintenant. »

À deux reprises, au petit matin, Bizz se surprit à cogner des clous. Elle savait qu'elle ne pouvait pas se permettre de s'abandonner au sommeil. Si elle ne bougeait pas, elle risquait de ne jamais se réveiller. Elle s'obligea à faire des sauts tout autour du refuge. Ses pattes étaient congelées, son cœur tremblait et ses ailes lui faisaient mal, mais elle se forçait à bouger. Bizz souffrait le martyre.

C'est ainsi que Bizz passa la plus longue et la plus misérable nuit de sa vie, alternant avec la protection de la crevasse et les sauts sur place, essayant ainsi de se réchauffer et de rester en vie.

Finalement, après ce qui lui sembla être une éternité, Bizz nota une faible lueur dans le ciel, à l'est. Puis, elle entendit un oiseau chanter au loin. Un chant d'oiseau? Juste une heure auparavant, elle n'aurait même pas pu entendre un oiseau s'il avait été tout près d'elle! Lentement, Bizz réalisa que le vent ne soufflait plus. Tout était parfaitement calme.

L'aube sembla s'étirer à n'en plus finir. Bizz tressaillit d'impatience, anticipant la seule chose qui la gardait en vie. Finalement, la lumière du soleil refléta sur le sommet de la montagne et continua d'éclairer le reste des lieux. Bizz se traîna péniblement jusqu'au point le plus élevé de son refuge et attendit, grelottant dans le froid. Lorsque les premiers rayons de lumière l'atteignirent, une douce chaleur se répandit dans son corps. Bizz n'avait jamais réalisé à quel point la lumière du soleil était agréable. C'était une autre chose que Bizz ne tiendrait jamais plus pour acquise.

Graduellement, son corps engourdi par le froid se réchauffa et Bizz commença à se sentir comme avant. Son corps savoura cette sensation comme jamais auparavant. Bizz déambulait tout autour de son refuge, étendant ses ailes au soleil pour récupérer chaque photon de cette merveilleuse lumière « réchauffante ».

Après avoir pris une dernière portion de nectar, elle se sentit prête. Elle s'envola, et dans le calme de l'air matinal, elle reprit son ascension en spirale. En approchant du passage montagneux, elle ne ressentit aucune excitation ni aucune anticipation. Elle ressentit plutôt un malaise croissant. En atteignant finalement le sommet, elle se sentit insatisfaite et déçue. Comme l'air était toujours d'un calme plat, Bizz atterrit sans difficulté et chercha à rassembler ses idées.

La scène qu'elle découvrit de l'autre côté de la montagne la surprit pour le moins. Là, au bas, ne se trouvaient ni montagne, ni glacier,

ni désert, ni océan. Il y avait plutôt une vallée très semblable à celle qu'elle connaissait déjà, avec une forêt, une prairie et un étang. Instinctivement, Bizz se dit que la vie de ce côté de la montagne devait être très semblable à la vie qu'elle avait laissée derrière elle – même société, mêmes problèmes, mêmes abeilles comme elle. Elle avait parcouru tout ce chemin – et même risqué sa vie – et tout cela pour quoi ? Pour le même décor ? Mais à quoi s'attendait-elle au juste ? Elle n'y avait jamais vraiment songé.

Elle se dit que, puisqu'elle s'était rendue jusque-là, aussi bien descendre dans cette vallée, l'explorer et satisfaire sa curiosité. Si elle devait faire marche arrière maintenant, elle ne saurait jamais comment était la vie là-bas et ça la hanterait toute sa vie. D'un autre côté, en sachant la difficulté qu'elle aurait à retourner à la maison, elle courait le risque de rester coincée dans cette nouvelle vallée.

Était-elle en train de perdre son courage ? Retourner maintenant voulait-il dire qu'elle avait risqué sa vie inutilement ? Elle était confuse.

« PEU IMPORTE OÙ TU VAS, LÀ TU ES. »

Du coup, elle eut l'impression croissante que l'exploration de cette autre vallée n'était pas la vraie raison pour laquelle elle avait volé jusque-là. Tandis qu'elle réfléchissait à sa décision, elle remarqua un sentiment intérieur de paix et de soulagement lorsqu'elle pensait au retour à la maison, comparativement à un sentiment de malaise et de déception en pensant à explorer la nouvelle vallée. Elle conclut que ce qu'elle avait à apprendre de son aventure, elle l'avait appris en se rendant aussi loin. Ça ne se basait sur aucune logique, mais elle sentit qu'elle devait respecter cela.

« L'ESPRIT EST UN FORMIDABLE SERVITEUR
MAIS UN MAÎTRE TYRANNIQUE. »

Finalement, une bourrasque la ramena au moment présent. Sans autre pensée, Bizz se retourna, s'envola et redescendit dans sa vallée.

Chapitre 10

Bizz descendit en tournoyant en spirale. Il était aussi facile de descendre qu'il avait été difficile de monter. Rapidement, elle avait dépassé la limite des arbres et s'approchait de la prairie. La matinée était belle, brillante, lumineuse et la colonie commençait à s'activer. L'air semblait électrifié par tous les sons des abeilles qui butinaient. Bizz avait assisté bien malgré elle à cette scène des centaines de fois auparavant, mais ce matin-là, elle était heureuse de s'y joindre. Bizz n'avait jamais ressenti autant de satisfaction dans le simple geste de butiner. En dépit de la fatigue laissée par la nuit précédente, les tâches de la journée ne l'épuisèrent pas. Elle se sentait si bien d'être de retour à la maison.

Très tôt le matin suivant, bien avant l'aube, Boris s'étirait dans sa tanière. Lui aussi avait réfléchi à des solutions et avait élaboré un plan qui allait, selon lui, fonctionner. Il avait remarqué que les abeilles se déplaçaient très lentement dans l'air froid du matin. Une idée lui était venue. Pourquoi ne pas attaquer leur ruche au moment le plus froid de la journée, lorsqu'elles s'y attendaient le moins et étaient moins efficaces à se défendre ? Boris émergea de sa tanière et se dirigea vers la ruche. Lorsqu'il l'aperçut, il s'immobilisa et évalua la situation. Aucune abeille en vue. Parfait ! Il courut jusqu'à l'arbre, planta ses griffes dans le tronc et commença à grimper. Pas encore une abeille en vue. Boris contenait difficilement sa satisfaction. À la hauteur de la ruche, il étira la patte et la frappa. La ruche se détacha de la branche et s'écrasa au sol, brisée et déformée. Le miel coulait sur la terre.

La colonie entière fut éveillée en même temps par le terrible choc. Les abeilles avaient été prises au dépourvu. Des centaines d'abeilles avaient été tuées simultanément, tandis que des douzaines d'autres restèrent emprisonnées dans le miel, incapables de bouger. Le chaos et la panique régnaient. Les abeilles toujours en vie virent Boris

descendre de l'arbre et s'approcher du désastre. Trop engourdies et désorganisées pour préparer une défense, la plupart des abeilles rampèrent plus loin et laissèrent Boris savourer sa récompense. Et Boris ne traîna pas. En moins de dix minutes, il avait dévoré tous les morceaux de la ruche qui contenaient du miel et avait détruit les autres parties. C'était un désastre complet.

Bizz était l'une des abeilles qui avaient eu la chance de s'en tirer. Étonnamment, elle demeurait calme.

« LA PERFECTION N'EST PAS RELIÉE AUX SITUATIONS. ELLE EST UN ÉTAT D'ESPRIT. »

Bizz se sentit impuissante en regardant Boris détruire en dix minutes ce que ses consœurs et elle avaient mis une vie à bâtir. Par contre, elle se souvenait de son plan et elle espérait qu'il puisse donner à la colonie une chance de recommencer à zéro et de rebâtir une meilleure ruche.

Après avoir léché ses griffes inlassablement, Boris émit un cri sourd et se remit en route.

Les survivantes se rassemblèrent autour de l'épave de la ruche, extirpant les abeilles prises dans le miel et réconfortant les blessées en attendant que le soleil se lève enfin. Quand l'aube arriva, les aînées évaluèrent la situation.

« La reine est morte, annonça solennellement l'une d'elles.

– Qu'allons-nous faire ? demanda une ouvrière.

– Nous allons rebâtir la ruche, dit une aînée. Nous sommes encore assez nombreuses pour établir une nouvelle colonie.

– Mais où ?

– Eh bien, nous allons trouver un nouvel arbre, répondit l'aînée, et construire la ruche plus loin sur la branche principale.

– Et nous posterons des sentinelles toute la nuit », ajouta une autre.

Bizz n'hésita pas à faire fi de ces commentaires. « Je connais un endroit où nous pouvons rebâtir la ruche et être à l'abri de Boris et des orages. »

Les yeux se tournèrent vers elle.

« Dans les rochers, ajouta-t-elle. Au-delà de la limite de la prairie.

– Qui a déjà entendu une idée aussi stupide que celle de construire une ruche dans les rochers ? rétorqua une abeille belliqueuse. Les ruches se construisent dans les arbres.

– Attendez ! Attendez ! reprit l'aînée. D'accord, l'idée de Bizz n'est pas très orthodoxe, mais elle n'est peut-être pas si mauvaise. Qu'as-tu en tête exactement, Bizz ?

–Venez ! Je vais vous montrer », dit Bizz en prenant son envol.

La colonie s'élança derrière Bizz, qui se dirigeait vers les rochers. Elle s'arrêta au pied des montagnes, et l'essaim recouvrit entièrement un arbre. Bizz pointa des fissures dans les rochers.

« Là, là ou là. »

Accompagnées de Bizz, les aînées firent un vol de reconnaissance. Elles inspectèrent chacune des crevasses, évaluant chaque fois la possibilité d'y installer leur nouvelle demeure. Bizz fit valoir les avantages et les inconvénients de chacune des crevasses – accessibilité, protection, dimension, points d'ancrage, et ainsi de suite.

« Personnellement, je crois que celle du milieu est la meilleure, mentionna Bizz.

– Je partage cet avis, dit une aînée, appuyée par le reste du groupe. C'est donc décidé. Nous rebâtirons la ruche ici. »

« NOUS SOMMES TOUTES À LA FOIS DES ÉLÈVES ET DES ENSEIGNANTES LES UNES POUR LES AUTRES. »

Comme la colonie avait été réduite de moitié et que l'automne s'annonçait, il n'y avait pas de temps à perdre. Toutes les abeilles commencèrent à travailler très tôt le matin et ne s'arrêtèrent que tard le soir. Cette routine se poursuivit jour après jour, sans relâche, jusqu'à ce que la nouvelle ruche commence à prendre forme et que les abeilles aient de nouveau un abri et de la chaleur.

Comme ses consœurs, Bizz travailla plus fort que jamais. Au lieu de se sentir à part comme auparavant, elle vivait une nouvelle camaraderie avec les autres abeilles de sa colonie. Bien sûr, elles n'avaient pas la même vision de la vie qu'elle, mais pour dire vrai, Bizz réalisait qu'elle avait plus de choses en commun avec les autres abeilles qu'elle ne l'avait cru.

« LA VIE EST UN VOYAGE DU *JE* VERS LE *NOUS*. »

Bizz s'acquittait de ses tâches, mais chaque jour elle prenait du temps pour retourner à l'endroit où elle avait rencontré Bertha. Elle s'assoyait, silencieuse, les yeux fermés, bercée par le gazouillis du ruisseau. C'était là un comportement tout à fait opposé à celui d'une abeille ouvrière. L'esprit de Bizz vagabondait souvent dans toutes sortes de pensées. Cela dit, elle persévéra et, avec le temps, elle se mit à apprécier le calme et la sensation de régénération et le profond sentiment d'être elle-même que de telles séances près du ruisseau lui apportaient. Et elle s'y sentit de mieux en mieux.

« ÊTRE ICI, MAINTENANT. »

Avec le temps, Bizz ressentit un sentiment de gratitude grandissant. Elle se sentait reconnaissante pour sa vie, pour avoir survécu et pour sa maison. C'était si bon d'être de nouveau à la maison. N'était-ce pas extraordinaire de vivre dans cette magnifique vallée et d'appartenir à cette colonie prospère ? N'était-ce pas merveilleux d'avoir des yeux pour tout contempler et un esprit pour comprendre et apprécier ? N'était-ce pas extraordinaire d'avoir à portée d'ailes toutes ces fleurs prêtes à nourrir la colonie ? N'était-ce pas merveilleux d'avoir une ruche pour se protéger et se reproduire ? N'était-ce pas fantastique d'avoir rencontré Bertha ?

Et c'est ainsi que Bizz l'abeille reprit sa vie d'ouvrière – bâtir la ruche, nourrir les larves, nettoyer, butiner, emmagasiner le miel et le pollen. La colonie n'avait plus à se défendre d'une attaque. Le dégoût que Bizz avait l'habitude de ressentir par rapport à ses consœurs ouvrières était chose du passé. Un sentiment croissant d'appartenance et de compassion était né. Plus Bizz avait confiance en elle et en ce qu'elle était, moins elle était dérangée par ce que les autres étaient. Elle pouvait voir au-delà de leurs peurs et de leurs faiblesses, comme elle acceptait les siennes. Elle réalisait que toutes les abeilles faisaient de leur mieux avec le bagage qu'elles possédaient.

Bizz en vint à comprendre que chacune des abeilles jouait son rôle à la perfection, y compris elle ! Tout était pareil comme avant. Rien n'avait changé. Sauf elle !

« LE POUVOIR DE L'ESPRIT RÉSIDE
DANS LA CAPACITÉ À PERCEVOIR LES DIFFÉRENCES.
LE POUVOIR DU CŒUR RÉSIDE
DANS L'ART DE DÉCELER LES SIMILITUDES. »

MIXTE
Papier issu de
sources responsables
FSC® C103567
FSC
www.fsc.org

MARQUIS
Marquis imprimeur inc.

Québec, Canada
2012